ジェンダー視点で学ぶ 女性史

澤田季江

日本機関紙出版センター

はじめに

「ジェンダー」という言葉を、最近よく耳にするようになりました。国連がめざす持続可能な開発目標「SDGs」の17の目標の一つにも「ジェンダー平等」がかかげられています。ジェンダー平等を進めることが、SDGs全体を達成していくカギであるともいわれています。

ジェンダーという言葉は、もともとは女性名詞や男性名詞をさす文法用語です。たとえば、フランス語ではソレイユ（太陽）は男性名詞で、ルネ（月）は女性名詞というように、人間によってあとから記号化された属性です。そこから転じて、ジェンダーとは、女性や男性であることに基づいて定められた、社会的な属性や機会や関係性を意味する言葉となりました。つまり、ジェンダーとは自然的な性差（sex）とは別に、あとから社会的に構築され、あるいは社会化される過程において人々の中で学習されたもので、各時代や背景に特有のものであり、それゆえに変化しうるものです。

「ジェンダー平等（gender equality）」という言葉は、国際人口開発会議（1994年／カイロ）や、第4回世界女性会議（1995年／北京）で、国連の公式文書の中で使用されたことで、広く定着しました。

その後、国連「開発と女性の役割に関する世界調査報告書」（1999年）で初めて、「ジェンダーは、生物学的性差に付与される社会的な意味と定義される。ジェンダーは、思想的、文化的な構築物であるが、同時に物質的な実行の領域においても再生産され、ひるがえってそのような実行の結果に影響を及ぼす」「ジェンダー・アイデンティティの社会構築及び両性間の関係に存在する不平等な権力構造を理解するのに役立つ」と定義されました。

この本は、2021年の春に、京都中央労働学校で22年ぶりに女性史の講座（全4回）が開講されることとなり、そのために作成した講義原稿がもとになっています。ジェンダーへの関心が高まるなかで、日本の女性の歴史を、ジェンダーの視点で、しかもできるだけ手軽に学べるような読み物になればとまとめました。どの時代にもそこに女性たちがいて、喜び、悩み、生きた等身大の姿そのままを伝えることができればと、99人の女性たちに登場していただきました。

学校の教科書では、暗記科目になりがちの日本史も、ジェンダーの視点で捉え直すことによって、むしろ歴史の大きな流れがつかみやすくなることにあらためて気づいたことは、自分にとっても収穫でした。

歴史をジェンダー視点で学ぶことは、女性差別やジェンダー規範が、歴史的につくられてきたものであり、だからこそ変わりうるもの、変えていけるものだと知ることにつながります。それは、私たちがジェンダーにとらわれず、誰もが自分らしく生きることのできる社会をつくるための手がかり、変革の視座となるでしょう。

もくじ　ジェンダー視点で学ぶ 女性史

第 1 章

近代以前の女性
人類のあけぼのから幕末まで

人類社会のはじまりは　差別も戦争もない社会

「原始、女性は太陽であった。真正の人であった。今、女性は月である。他に依って生き、他の光りによって輝く、病人のような蒼白い顔の月である。」……これは『青鞜』（１９１１年）創刊にあたっての**平塚らいてう**の言葉です。人類社会のはじまりは、男女の差別のない平等な社会でした。

人類の誕生は、今から７００万年前といわれます。日本列島がいまのような形になったのは、１万年あまり前のことで、地球の気候も温暖になり、現在に近い自然環境になります。こうした環境の変化に応じて、縄文人が住みはじめます。人びとが小さな群れをつくって暮らしていた頃は、男

縄文のビーナス（長野県茅野市棚畑遺跡出土）

『青鞜』1911年創刊　表紙は長沼（高村）智恵子

は狩りや魚捕り、女は木の実拾いや土器作りなど、自然な分業はありましたが、そのことによって男女の優位や差別はありませんでした。結婚の形もいまとはずいぶん違うゆるやかな結びつきで、生まれた子どもは共同体の中で大切に育てられました。縄文時代の土偶の多くは妊婦を表しています。出産は母子ともに生命の危険をともなうもので、人間の命を生み出す女性は、豊穣の象徴として尊敬されました。まさに女性は太陽でした。ただしこれは、女性が男性よりも高い地位にあったとか、女性が男性を支配していたという意味ではありません。人類最初の社会は、女も男も協力して生活を支えあう社会でした。

階級社会の発生と戦争のはじまり

やがて朝鮮半島から稲作が伝わります。弥生時代には、食料を生産できるようになり、余剰生産物が生まれます。米が貯蔵できるようになると、たくさんの米を蓄えることのできた人と、来年の種もみにも困る人との間に貧富の差が生まれます。こうして人類社会は、それまでの共同体社会から、人が人を支配する階級社会へと大きく変化しました。

階級社会が生まれると、それまで戦争をする必要のなかった人類が初めて、富をめぐって、あるいは領地や用水をめぐって、暴力による戦争を起こすようになりました。濠や土塁で集落が防御され、頭のない人骨や、石槍・石剣・銅剣・鉄やじりなどを打ち込まれて死亡した人骨が、北九州・近畿・中国地方などで多数発見されています。自然な性別分業であった狩りの延長として、戦争はおもに男の役割でした。

日本では　女性の地位の低下がゆるやかにすすむ

私有財産が生じると、これを自分の子どもに受け継ぎたいという欲求が生まれます。子どもの父親が誰であるのかが重要となり、「父系制への転換」が起こります。フリードリヒ・エンゲルスは『家族・私有財産・国家の起源』（1884年）の中で、これを「女性の世界史的敗北」ととらえ、これによって「女性はおとしめられ、隷従させられ、男性の情欲の奴隷かつ子どもを生む単なる道具となった」としました。

ところが、オリエント・地中海周辺で、あるいはインダス川流域や、黄河・長江流域などで生まれた古代社会とは異なり、日本では、私有財産が生じて階級社会に移行してからも、それを引き金に女性の地位が一気に転落していくということはありませんでした。徐々に男性優位がすすみながらも、長い時間をかけてゆるやかに女性の地位が低下していったのです。それはどうしてでしょうか？

その要因の一つに、日本では、結婚しても男女はそれぞれの共同体に属したまま、夫婦はすぐには同居せず、経済的な単位とならないという婚姻形態が長く続いたことが考えられます。日本の婚姻史について戦前から研究されてきたパイオニアといわれる、**高群逸枝**《たかむれいつえ》が作成した「日本婚姻史表」（『招婿婚の研究』1953年）と、これを批判的に継承した在野の女性史研究者、**関口裕子**による『日本古代婚姻史の研究』（1993年）をふまえて、まとめてみました。

婚姻形態の変化（高群逸枝「日本婚姻史表」並びに関口裕子「日本古代婚姻史の研究」より作成）

時代	婚姻形態
縄文・弥生	身柄や生活の根拠を各自の共同体においたままの婚姻　夫婦間の結合が弱く離合も容易　対偶婚（自然的一夫一婦婚）　母系禁婚　母系から双系へ
ヤマト・奈良	妻問婚　夫婦別居　夫が女性の側に通い　女性の生活は共同体が支える　家族はまだない　双系から非家父長的父系へ
平安	中後期に婿取婚に　妻の家の方で婿を選び妻の家で夫婦同居または新処居住対偶婚から単婚（一夫一正妻）に　家父長制下の父系へ
鎌倉	婿取婚だが　男性の家に女性を迎える風習がはじまる
室町・江戸	娶嫁婚《しゅかこん》　女性が夫の家に入り同居　女性が相続から排除され経済的に無権利に　家父長的一夫一婦婚　双系禁婚　父系家族

ここに書かれている「対偶婚」というのは、あまり馴染みのない言葉ですが、身柄や生活の根拠をそれぞれの共同体においたままの婚姻の形で、縄文・弥生から古墳時代をへて古代を通じておこなわれていました。当時は性愛と結婚に区別がなく、男性が女性のところに通い、婚姻がある程度、継続する見通しが立つと同居しました。夫婦は経済的に依存していないので、離婚も容易に成立し

ます。生まれた子どもは、母系と父系の両方を親族として意識されていました。飛鳥時代に建てられた群馬県の山上碑（681年）には、**黒売刀自**《くろめとじ》という母親の名前と系譜が、大児臣という父親の名前と系譜と並べて併記されています。そして、この父母が「娶《みあ》いて生む児《こ》」である長利という自分の名前が記されています。律令制以降、父系のみの系譜がつくられるようになりますが、それまでは母方と父方の双方の系譜が重視される双系制の社会でした。

やがて平安中期になると、貴族社会の間で、妻の家で婿を選び、経済的に援助したり、妻方の家で夫婦が同居をしたりする「婿取婚」があらわれます。中世には次第に単婚がすすみ、同居の夫婦による家が形成されていきました。

男女がともに労働する社会

女性の地位の低下がゆるやかに進んだもう一つの要因として、稲作が中心の日本では、男女がともに労働し、女性の労働が、男性の労働と同等の社会的な生産労働として長く続いたことも考えられます。

男女で田植えをし、収穫した稲穂をついて籾米にし白米にするのは、主に女の仕事でした。農業労働の監督責任者に男女が等しく任用されたという記録もあります。いまでいう女性管理職の登用ですね。このように自然な男女の性別分業はあっても、男女が等しく労働し、その労働の値打ちに社会的な優劣はありませんでした。もちろん社会の総体としては奴隷制でしたが、その枠組みの中に男女の対等性を残していたところに、日本の古代社会の特徴がありました。

7世紀末に、中国の律令制度を取り入れて、日本で最初の国家である古代律令制国家が形成されると、男性優位・父系主義の体制が上からつくられていきます。全国的な戸籍がつくられて、庶民は奴婢にいたるまですべての人間が、一人ひとり「男」か「女」かのどちらかに分けられて、国家によって把握されます。

新しい律令制国家は、男女ともに耕地（班田）を与え、男女がともに耕作して税を納めました。女性に与えられる口分田は、男性の3分の2ではありましたが、中国の律令制では、耕地は男性にしか与えられなかったことと比べると、日本社会には、原始からの男女平等の考え方が、まだ根強く残っていたことがうかがえます。ただし、女性に直接かけられる税は、口分田に対する田租のみでした。調として納める布地などは、実際には女たちが織ったものですが、そのことは記録には残りません。庸の労役もまた男のみの徴用でした。

そもそもこの時代の夫婦や家族というのは、今のような経済の単位ではありません。労働は共同体ぐるみのものでした。共同体の内部に自生的に芽生えつつあった家族は、「母子＋夫」といったゆるやかな結びつきで、経済的単位としてはまだ大きな意味をもってはいなかったのです。もちろん家族の中でも、男女のどちらが支配者でもありません。律令国家のもとでつくられた戸籍では、このゆるやかな家族をいくつか組み合わせて、父系的で、かつ兵士を集めやすいように人為的につくりなおされた「戸」が編成されました。そこでは男性を戸主として納税の責任者としたために、女性の労働によって作られていた布製品なども、すべて男性の名前で納められるようになり、女性の働きが表向きには見えにくくなっていったのでした。

共同体から「イエ」の成立へ　新たに刻まれたジェンダー

やがて人口が増加すると、農民の墾田意欲を高めて食糧を増産し税収をあげるために、律令国家は、新たに開墾した土地の私有化をすすめます。「墾田永年私財法」（743年）は、荘園の発生につながりました。平安時代の中頃までは、女性も自分の力で開墾した土地の墾田主になることができました。自分の私有地をもつということは、当然これを自分の好きなように処分する権利ももちます。老いて夫に先立たれた**尼序妙**は、自分を介護してもらうという約束で、ある僧に自分の財産の田畠を譲ります。ところがその僧は約束を守らずに、田畠を奪って尼序妙を追い出してしまいます。流浪しているところを別の僧に助けられた尼序妙は、田畠も無事に取り返すことができました。助けてくれた僧の妻の**安倍姉子**が自分のことを最後まで手厚く介護してくれたので、尼序妙は姉子に田畠をすべて譲ったという記録があります。このように、女性が自分の財産を所有し譲渡することも、他方で、安倍姉子のように介護という家事労働の代償として女性が財産を取得するということもありました。

しかし、共同体の解体と土地の私有化が進むにつれて、政治的な地位を持つ者が、私的に集積した土地の法的な所有権を確実なものにしていきます。この政治的な地位は、父から息子へと父系で受け継がれていくようになり、経済力の男女差が再生産されていきます。こうして平安時代の中葉を境に、貴族社会の内部から家父長制家族が成立し、それが次第に庶民にまで及んでいきました。これについてジェンダー視点で考えてみましょう。

古墳時代には、女性首長が少なからず存在していたことが、考古学による埋葬分析から推測されています。8～9世紀半ばには、**里刀自**《さとじ》とよばれる女性の豪族がいて、男性の族長・首（おびと）に依存した妻ではなく、共同体の統率者としての地位と権限をもっていました。

やがて古い共同体の解体とともに、その内部に私有財産を蓄えた富裕層の家（イエ）が生まれます。家《イエ》には、男の家長《いえぎみ》とその妻である**家室**《いえのとじ》がいて、夫婦それぞれの財産を持ち寄って共同で、あるいは別々に私的な経営を営むようになります。男の家長が表向きの公的な活動を担う一方で、女の家室には新たに「家長の妻」という役割が与えられ、家《イエ》という私的な世界の内側に押し込まれていきます。こうして10世紀後半には、家《イエ》が地域社会の基礎単位となり、日本社会の内部に、女性を家政と結びつける新たなジェンダー規範が刻まれたのです。

たくましく生きた中世の女性

夫婦を核とする私的所有による営み（家《イエ》）の主体としての民衆の成長は、中世社会の原動力となりました。女たちも自分と家族の生活をよりよくするために懸命に働きます。

農村では、女たちは稲作の他に、桑の葉を摘んで養蚕し、染料の草木を採集し、紡いだ生糸で布地を織り、市へでかけてこれを販売します。川や湖で獲った魚や鰻を市で売り、海では真珠を採り、藻塩を焼いて製塩するのも女です。このように女性の労働は、ひきつづき社会的な意味をもつ労働でした。このことは女性によって生産される絹や麻などの繊維製品が、当時の年貢全体に占める割合が、米4割に対し3割という高い比重だったことからもわかります。

一方、町では、商工業や芸能などにたずさわる女性の職能民が生まれます。女たちは貨幣経済をいち早く取り込んで、商業や金融などの分野で活躍しました。京の都では、炭や薪を売る**大原女**《おはらめ》、桂川の鵜飼いの鮎などを売る**桂女**《かつらめ》、祇園社の綿売りや小袖売りが登場します。西陣織のもととなった洛中帯座の座頭職の**亀屋五位女**《かめやごいにょ》は、京都での販売権を一手に握っていました。明への輸出品であった扇子づくりも女性が多く従事していました。**布袋屋玄了尼**《ほていやげんりょうに》という女は、京都全体の扇子の販売権の半分を握っていました。京の町に四つあった藍染の媒染の灰を扱う紺灰座の一つは、**加賀女**という女が所有していました。塩の専売をしていた**木村五位女**も女性です。京都六角町で生魚を売る4軒の店棚を許されたのも女たちでした。

鎌倉時代には、田畠の土地や屋敷の譲状や売券にも女性の名前が数多く記載されています。荘園を管理する地頭職を相続した女性の名前も見られます。庶民の女性もまた独立した財産権をもち、財産を譲られる対象であり、相続した土地を売却する権限をもっていました。

このように中世社会には、労働し、自分の財産を所有し、自分の力で稼ぐ女たちの姿がありました。

武家社会の成立にともなって、次第に社会生活における男性優位が庶民の間にも浸透しつつありましたが、だからといって中世の女たちは、決して無力で無能な存在ではなかったのです。

自らの意志や感情をもち　自分の力で切り拓いた女性たち

ここで古墳時代から中世にかけて、自らの意志や感情をもって、自分の力で生きぬいた女性たちの姿をたどってみましょう。

○卑弥呼……3世紀

古墳時代前期には、九州・近畿・北陸・関東で女性首長の古墳が発見されています。**卑弥呼**が活躍した3世紀の日本は、まだ小国に分かれて互いに戦争をしていました。そこで、争いはやめて一つの連合国にまとまろうと相談し、みんなが納得して共立したのが女性である卑弥呼でした。『魏志倭人伝』には、「(邪馬台国では)会同するに父子男女別なし」と、男女や父子の区別なく、みんながこぞって村の政治集会に参加している様子を紹介する記述もあります。

○善信尼《ぜんしんに》、恵善尼《えぜんに》、禅蔵尼《ぜんぞうに》……6世紀

日本で最初にお坊さんになったのは、なんと10代の少女たちでした。538年に百済から大和政権に仏像と経典が送られてきます。「仏教公伝」ですね。ところが、仏像やお経があってもこれを祀ることのできる人がいません。そこで蘇我馬子の呼びかけで、**善信尼（司馬嶋）**、**恵善尼**、**禅蔵尼**の3人の渡来人の娘が適任だということで選ばれました。今でいうバイリンガルだったのでしょう。3人は、高句麗からきた尼と僧について仏教を学び、出家します。

ところが、仏教に反対していた物部氏によって迫害されます。寺を壊され、捕まえられて、法衣を脱がされ裸にされて鞭で打たれました。しかし彼女たちは信仰を捨てませんでした。その後、物部氏が滅びると、善信尼は百済への留学を希望します。最高僧の比丘尼《びくに》になるためには、10人の僧と10人の尼から戒を授けてもらう必要があるのに、日本には比丘尼が1人もいない。これでは日本に仏教の教えを広げていくことはできないと強く主張して、ついに善信尼たちは百済へ留学します。そして比丘尼となって日本に戻り、仏教の普及に努めたのでした。

○女性天皇（推古天皇、斉明天皇、持統天皇、元明天皇など8代6人）……7〜8世紀

7世紀から8世紀にかけて、8代6人の女性天皇が立っています。この時期に限るなら、16代の天皇のうち8代が女帝ということで、比率もパリテ（同数）です。すごいですね。この時代の女性天皇は、けっして男性天皇への〝中継ぎ〟ではなく、財力・兵力ともに実力をもつことが認められての即位でした。

最初の女性天皇で、在位期間も36年と歴代女性天皇のうちで最も長い**推古天皇**は、「日出づる処の天子」と自ら名乗って遣隋使を送り、十七条憲法を制定したことで有名です。

中国では隋から唐へと変わり、朝鮮半島では百済・高句麗が滅んで新羅が統一国家を樹立するという、東アジアの大激動期に活躍したのが**斉明（皇極）天皇**です。白村江の戦いで百済を救援するために、なんと88歳で大和政権を率いて北九州に赴いたというパワフルな女性でした。

古代日本最大の内乱である「壬申の乱」を勝ちぬいた**持統天皇**は、夫の天武天皇とともに飛鳥浄御原宮で、律令国家の基礎を築きます。夫の死後は自ら天皇となり、飛鳥に唐の長安にならった藤原京を造りました。平城京に遷都し、先帝から編纂していた「古事記」を完成させ、和同開珎の鋳造を行なった**元明天皇**も女性です。血統による権力の正統性を理由に、一度譲った皇位を戦いで奪い返した**称徳（孝謙）天皇**は、唯一の女性皇太子からの即位でした。

○万葉集に登場する女性たち……8世紀

「万葉集」には、農民男女が日々の労働と暮らしの中で、好きな人への恋心をおおらかにうたった歌がいくつもあります。

「庭に立つ　麻手刈り干し布さらす　東女を　忘れたまふな」（**常陸娘子**）…これは陸奥国での赴任を終えて京に戻ってしまう役人の男に、麻を刈り布にして働いていた、この東国の私のことを忘れないでくださいねと詠んだ別れの歌です。

「君がため　手力疲れ織りたる衣ぞ　春去らば　いかなる色に　摺りてば好けむ」（**作者未詳**）…あなたのために力を尽くして織った着物です。春になったら、どんな色に摺り染めたら気に入ってもらえるかしらと、男の通いを待ちながら、愛する人のために衣を織り染める気持ちを詠んだ歌です。どちらも今の私たちと変わらない、せつない恋心にキュンとしますね。

○田《た》中《なかの》真《ま》人《ひと》広《ひろ》虫《むし》女《め》（「日本霊異記」）……9世紀

「日本霊異記」に讃岐国の長官の妻の**田中真人広虫女**という女が登場します。この女はたくさんの馬、牛、奴婢、稲、銭、田、畠を所有して、これを元手に自らの才覚で高利貸しをしていました。酒や米を相手に貸すときは小さな升で量り、返すときには大きめの升で量って儲けている。なんと夫にも貸していたと書かれています。たくましい限りです。

○藤原道綱母《ふじわらみちつなのはは》（「蜻蛉日記」）……10世紀

『蜻蛉日記』は、女流文学のさきがけで、その後の**紫式部**の『源氏物語』にも影響を与えたといわれています。作者は**藤原道綱母**……母ですよ。本当の名前は記録に残っていないのです。夫である藤原兼家との結婚生活や、正妻である**時姫**（藤原道長の母）との競争、次々と浮気する夫の態度に傷つき、あげくの果ては夫への見せしめに山寺にこもってストライキをするなど、自分の感情や経験を、仮名文字を使って豊かに客観的に表現しました。歌の才能に恵まれながらも、夫の出世のためにしかそれを生かすことのできなかった道綱母と、夫の出世にとって都合のよい子どもを産むことによってのみ、夫に重んじられた正妻の時姫。ちょうどこの「蜻蛉日記」が書かれた9世紀中葉に、貴族社会の中で女性の地位が低下していく様子が、作者の目を通して描かれているように感じられます。

○北条政子……13世紀

尼将軍といわれた**北条政子**は、頼朝の嫁として家に入るのではなく、実家である北条氏の財産を相続し、領地をもち、弟の北条義時につぐ発言権をもつ女性でした。承久の乱（1221年）では、北条政子が御簾越しに述べた「演説」が御家人たちの心を動かし、鎌倉幕府を勝利に導いたという話は有名ですが、もう一つ、こんなエピソードがあります。

夫の頼朝が、政子の妊娠をいいことに、**亀の前**という名の妾をこっそりと逗子に呼び寄せて、御家人の家に住まわせているということがありました。これを知った政子の怒りは大変なもので、北条方の義理の舅に言いつけて、妾の住むその家をめちゃくちゃに壊してしまいます。亀の前は逃げ出し、家臣は島流しとなりますが、頼朝は、ほとぼりが冷めるとまた亀の前を逗子に住まわせます。この顛末は、政子が夫である頼朝に対して、浮気をしないでほしい、妻である自分を尊重してほしいと示し、夫婦の対等な関係を守ろうとした行動といえるでしょう。

村の自治に参加する女性

中世には畿内の村で自治が発達し、これを担う「惣村《そうそん》」が成立します。女たちも男とともに村の自治に参加しました。村人の結束の中心は村の鎮守の祭りであり、祭りに参加することは政治に参加することでした。「頭」と呼ばれる祭りの責任者には、男の頭と女の頭がいて、ともに神を祭りました。

近江の国の湖東にある今堀郷の祭りでは、宮座に妻や母が座る桟敷「女房座」がありました。「一斗座酒、三升女房座」と書かれた記録からは、夫たちの酒宴と別に、女が自分たちも座をつくって酒を持ちよって楽しみあう様子が想像できます。なんだか今の〝女子会〟みたいで、親しみがわいてきますね（今堀日吉神社文書1384年）。

紀伊の国の阿弖河荘《あてがわのしょう》では、横暴をはたらく地頭がいて、あまりにひどいので農民たちが領主に訴えたという記録があります。どんな横暴かというと、自分のいうことをきかない者は、その妻を捕まえて耳を切り、鼻を削ぎ、縄で縛って虐待するというのです（阿弖河荘上村百姓等片仮名書申状1275年）。

領主に要求を出しても認められないと、農民たちは「逃散《ちょうさん》」をおこないました。逃散では、鎮守の杜に成人男性が集まり、誓いの言葉に署名をして、その署名した紙を焼いて灰を水に入れて回し飲みし、男たちは何カ月もの間、山に隠れます。残された女たちは神聖な篠竹で家の門を閉じて立てこもり、子どもや牛馬の世話をして、農作業を続けます。やがて男たちは戻って領主と交渉し、税を減らしたり免除させます。このようにして女たちもともに「逃散」をたたかったのでした。

歴史の「表舞台」から消えていく女性

鎌倉時代の末から南北朝の動乱を境に、社会構造が大きく転換します。女性の地位もまた、この時期を境に大きな変化がありました。これについてジェンダー視点で考えてみましょう。

中世社会の土台は荘園制度にあります。院政の始まる頃から、貴族や寺社の私的な荘園と、国司が権限をもつ公領が土地と民衆の支配を続けていました。度重なる動乱の中で、新興の地方武士や富裕な農民が力をつけ、荘園や公領が蚕食され形骸化すると、これに代わって土地に根づいた生活根拠をもつ武士が、領内の住民を直接支配する在地領主制が本格化します。

武士が自らの武力や実力によって支配の範囲を広げていく下克上の時代が到来すると、武力という役割分担のない、あるいは期待されないというジェンダー規範を付与された、女性の社会的地位は急速に低下してゆきます。

これと軌を一にして、庶民の結婚の形態も、それまでの招婿婚から、妻が夫の家に入って同居する娶嫁婚に変わります。男性優位と父系主義の家父長制の家族がすべての階層で一般化し、家を守ることが何よりも第一義に優先されるようになりました。

女性の相続は一期分として死亡後は惣領に返還するとされていましたが、室町前期には、嫡男一人の単独相続が原則となります。女性は相続から排除され、所領や土地財産を所有する権利も弱まりました。

鎌倉時代の末から室町期の経済発展を背景に、商工業の分野でも女性の進出がかなりすすんでいましたが、家職的な職能や専業化した手工業の担い手は、すべて男性に独占されるようになります。その後、全国的な太閤検地（1582年〜）の実施をへて、江戸時代には、女性が田畠を所有する権利は正式になくなります。こうして女性は歴史の「表舞台」から消えていったのでした。

封建制と「女大学」

江戸時代（近世）になると、幕藩体制のもと士農工商の徹底した身分制度が確立されます。身分制と封建的な家父長制の二重の支配によって、女性の地位は貶められました。このことは江戸時代の刑罰をみるとよくわかります。当時は今の民法のようなものはありませんでしたが、「御定書百箇《おさだめがきひゃっか》条《じょう》」（１７４２年）や、これ以後に起きた犯罪と刑罰をまとめた江戸幕府の刑事判例集「御仕置例類《おしおきれいるい》集《しゅう》」（１７７１年〜１８３９年）からみましょう。

妻の役割は第一に夫の子を産むことであるとされ、妻の不義密通は重大な罪となりました。密通した妻を夫が殺してもお咎めなし。親の許しのない結婚は、たとえ独身の男女同士の恋愛結婚でも密通として罰を受けました。農民の夫が口答えした妻を斬り殺した事件でも、口答えする妻の方に非があるとして夫は無罪となりました。その一方で、病気の夫に伝えずに部屋を貸したら、その部屋が賭博に使われてしまったという母と妻の犯した罪は、家長である夫の管理・指導責任であるとして夫が有罪とされました。女性には責任能力はないとされたのです。

こうした家父長制を支える思想は、庶民の間にも普及し、浸透していきます。江戸時代になると、中国古代の政治や道徳の考え方であった儒教が、幕藩体制の支配を支えるイデオロギーとなりました。中でも、江戸時代の儒学者・貝原益軒が書いた『女子に教ゆる法』（『和俗童子訓』五巻、１７１０年）を、彼の死後に一部抜粋して、ふりがなと挿絵つきで出版された教訓書の『女大学』（享保年間）は、その後１５０年以上にもわたって出版され続ける江戸時代の大ベストセラーとなりました。

この『女大学』では、妻に対して、舅に従わない、子どもができない（妾に子があればその限りでない）、淫乱、嫉妬、悪い病気、おしゃべり、盗み癖、以上のある者は「七去《しちきょ》」として離縁する正当な理由とされました。さらに、「女子は稚時より男女の別を正しく、仮初《かりそめ》にも戯れたることを見聞しむべからず」……それから、席を同じくしない、衣装も同じところに置かない、同じところで湯浴みしない、物を受け渡す時にも手から手に直接渡してはいけないといったことが延々と書かれています。さらに、女の心には五つの病がある。従順でない、怒り恨む、悪口をいう、妬む、知恵が浅い。この五つの病は女の10人中7～8人には必ずある……。よけいなお世話ですね。最後に女というのは「斯く愚なる故に何事も我が身を謙《へりくだ》りて夫に従ふべし」……これが結論です。こうした教訓書が、妻と娘たちに対するしつけの本として庶民の間で広く読まれ、寺子屋での女子の教科書として使われたのでした。

『女大学』（享保年間）

一方で、女子の寺子屋が存在し、文字を読み書く力を庶民の女子も身につけていたことは、近代になったときに自分の頭で考え、行動する女性を生み出す土台となったことも事実です。日本の女性の識字率が高いことについては、16世紀のポルトガル人宣教師のルイス・フロイスも、「ヨーロッパでは女性は文字を書かないが、日本の高貴な女性はそれを知らなければ価値が下がると考えている」と紹介しています（『日欧文化比較』１５８５年）。

農村で　江戸の町で　働く女たち

農村では、田植えに麦刈り、野菜の種蒔きと収穫、炎天下の草取り、稲刈りと脱穀、養蚕に綿栽培と、農民男女は休んでいる暇もありません。農作業の合間には、男は薪割りや藁仕事、女は木綿や麻布で衣類をつくり家事という役割分担で、男も女も老人も子どもも、家族総出で働いてようやく成り立つ暮らしでした。それでも凶作の年には、年貢を納めると自分たちの食糧すら確保できないこともありました。

戦乱のおさまった江戸期には、人口が増えて生産力も高まり、農具の改良も進みます。そうすると以前は男性の仕事であった田起しや代掻きが、女性にもできる仕事となり、農業労働での女性の比重が高まりました。

一方、人口が急増した江戸の町では、女たちが零細な賃仕事から芸能まで様々に働く姿がありました。文政年間に描かれた『美人職人尽《びじんしょくにんづくし》』には、手習の師匠、張子作りの内職、洗濯屋、乳母の代行、針売、冬の間に綿屋で洗い物をする水仕女、芸者や遊女にいたるまで45種類の職業が、挿絵とともに紹介されています。ただし幕府は、女性が技術を磨いて職業とすることをよしと認めていたわけではありませんでした。女性が職業をもつことを禁止する触れ書も数多く出されています。実際には女たちが様々な職業に携わっていたとしても、それらはすべて一時的で流動的な賃仕事であるとして、黙認していたにすぎなかったのです。

買売春の発生

ここで、買売春の発生について考えたいと思います。買売春は「人間の本能に由来する現象なのでやむをえないのでは?」という意見もあります。本当にそうなのでしょうか?

万葉集には、**遊行女婦**《うかれめ》という女性たちが登場します。彼女たちは芸能をする女性であり、性の買売はまだ社会には存在していませんでした。それが平安時代中期になると、**遊女**《あそび》とよばれる性を売る女性たちがあらわれます。この9世紀から10世紀はじめまでの間に、日本社会に何が起こったのでしょうか?

この時期は、それまでの共同体社会が崩壊し、家父長制が成立する時期と重なります。貴族社会では、一夫多妻制のもとで正妻の地位が確立するのもこの時期でした。女性の所有権が少しずつ制限されて、男性への経済的従属が徐々にはじまる時期で、同じ頃に女性たちは、婚姻の決定権や求婚、離婚の権利も失っていきます。戦《いくさ》での女性の掠奪や、女性の意向を無視した、いわゆる「性的合意」のない強姦もこの時期に発生しています。

戦国時代になると、戦乱や度重なる飢饉の中で、遊女の数が増えていきます。室町幕府は傾城局《けいせいのつぼね》を設置し、幕府の許可と引き替えに税金をとるようになります。豊臣秀吉は「人心鎮撫の策」として、京都の柳馬場や大坂に初めて集娼の遊郭をつくります。江戸幕府は、江戸の吉原、京都の島原、大坂の新町に遊女屋を集めて三大遊郭を造り、許可する代わりに収入の一部を幕府に納めさせて、遊女たちから収奪したのでした。

深まる幕藩体制の矛盾と　あきらめない女たち

やがて、幕藩体制の矛盾が深まり、民衆の不満がふくらんでいきます。領主による過酷な年貢の取り立てや、役人の不正や横暴に対し、農民や町民が声をあげる行動が数多く起こりました。当時は領主に反抗することなどはもちろん許されてはいませんでしたが、それでも集団で逃亡する「逃散」、正規の手続きをふまずに領主など上級機関に訴え出る「越訴《おっそ》」、集団で実力行使をする「強訴」、打ちこわしなど、江戸年間に全国で3千数百件もの百姓一揆が起きています。とくに天保の大飢饉（1833～1837年）のあとは、全国的な一揆や打ちこわしが激化していきます。その中には、女たちの姿も数多くありました。

天明の大飢饉（1782年～1788年）では、信州飯田町・播州姫路・千葉県香取郡をはじめ、各地で女たちが、名主や商家へ多数で押しかけて米を貸してくれと要求する「米騒動」が広がりました。金沢の「泣き一揆」（1858年）では800人の女と子どもが「ひだるい（ひもじい）・ひだるい」と泣き叫びながら城へ向かっていったと伝えられています。高岡でも、乞食姿の後家や嫁や子どもが、富裕な家々をまわり袖乞いに歩いたことが伝えられています。

また、御札振りをきっかけに、各地から民衆が群れをなして伊勢詣でをしたと伝わる文政の「おかげまいり」には、男装の若い女性など458万人が参詣（1830年）したといわれています。「おかげまいり」には、日頃、遠方への旅に出る機会のない奉公人や女子どもが、数多く参加していました。妻は夫の許しも得ずに、子どもを背負って着のみ着のまま、下女は米をとぎかけたまま、つかれたように参拝者の群れに加わっていきました。大坂からは、若い女50余人がひしゃくを持ち、おはぐろを落とし、男物の着物に緋縮緬《ひぢりめん》のふんどしに男まげといった服装で参詣する姿がありました。

参宮帰りの女２人が、「抜け参りをすれば、親父の面をみるもうるさく、小せがれも捨てたくなる」と、大声でうかうかと語りあっているのを聞いていた大阪の医者が、「あさましきことだ」といって嘆いたという話もあります。女たちが長いこと家をあけて旅に出て、一段とたくましく、解放的な気分になって家に帰ってきて、さて再び日常の暮らしに戻ろうかという時の、なんとも率直な気持ちがあらわれていますよね。いまの私たちとあまり変わらないなあと、親近感がわいてきますね。幕末・維新の変革期の「ええじゃないか」とあわせて、世直しを期待する民衆のエネルギーがあふれ出るようです（箕輪在六「御陰参宮文政神異記」１８３２年）。

大坂で大塩平八郎の乱（１８３７年２月）が起きた同じ年に、男装して男として生きていた24歳の**たけ（竹次郎）**が、「人倫を乱した」というかどで島流しになりました。子どもの頃から男の子とばかり遊んでいたたけは、女として生きるのはつまらないと、ついに奉公先を飛び出して男装して竹次郎と名乗ります。ところが、たけの男装を見破った男に脅されて妊娠してしまいます。男として働いていたそば屋で出産・死産したたけは、恥ずかしくて逃げたところを捕らえられ、二度と男装しないようにとの幕府の判決とともに50日もの間、牢に入れられます。

しかし、どうしても女に求められるような生き方がいやで、男のように生きたかったたけは、出獄後も禁止された男装をやめませんでした。自分の理想の生き方をするために、腕力や度胸を身につけて、困っている人を助けてやろうとしたところを見つかってしまいます。そして今度は、死罪に次ぐ大罪である島流しとなったのでした。身分や男女の差別を利用して人びとを支配していた幕府にとっては、たけのような生き方は、社会の乱れのもとになるとされたのです。たけはどんな気持ちだったでしょう（長島淳子『江戸の異性装者（クロスドレッサー）たち』２０１７年、勉誠出版）。

　この頃、遊郭では、遊女たちがしめしあわせての火付け事件が多発しました。１８４９年には新吉原の梅本屋で、**豊平・小日雛・桜木**など**16人の遊女**と若者２人が、爪印を押して徒党を組んで放火事件を起こしました。梅本屋の主人・佐吉は強欲で、客の少ない遊女を鉄の鎖で縛って穴に入れ、六尺の鉄棒で上から突くなどの折檻をしました。日頃から雑草の入った粥を与え、休みの日は１食きり。病気になった者には食事を与えず物置に放置しました。あげく遊女に手をつけ、そんな客あしらいでは勤まらないとまた折檻したのです。遊女たちは、佐吉に折檻されて死ぬくらいなら、火付けをしてご公儀の仕置きを受ける方が本望だと申し合わせ、火鉢に付け木をくべて火を付けます。騒ぎに駆けつけた人たちが火消しをしている間に、遊女たちは名主の元に駆け込み、それぞれが自分が火を付けたと自訴したのでした（横山百合子『梅本記』国立歴史民俗博物館　研究報告　第２００集、２０１６年）。

　幕藩体制がほころびをみせると、討幕運動に共鳴し協力する女性も生まれました。歌人の**野村望**《のむらも》**東尼**《とに》は、夫をなくした54歳の年に大坂・京都へ旅に出て、寺田屋の変などで騒然とする京都市中を見聞し、政治に強い関心を抱きます。福岡に戻ると、尊王攘夷派の志士たちが密会する場所を提供したり匿ったりして倒幕運動を支え、「志士の母」と慕われます。

　その後、幕府側につくことを決断した福岡藩によって捕らえられた望東尼は、玄界灘に浮かぶ姫島に島流しとなります。その翌年には、若き日の福岡での潜伏中に、望東尼に匿われて世話を受けた高杉晋作によって救出されます。「おもしろきこともなき世におもしろく」という高杉の上の句に「住みなすものは心なりけり」と続け、重い病の床にあった高杉を励ましたと伝えられています（防府野村望東尼会『望東尼物語』２０１６年）。

こうして、封建制度がさまざまな矛盾を抱える中で、世直しを求める民衆と女性たちのエネルギーは様々な形で噴き出し、やがて幕藩体制は崩れていくのでした。

第 2 章

資本主義のはじまりと女性たち

いまの生きづらさの根っこは　明治時代につながっている

世直しを求める気運の高まりと、欧米列強の開国要求を背景にした薩長土肥四藩の倒幕によって、日本は近代国家として出発しました。江戸時代に人びとを身分の違いでハッキリと分けて、住む場所や生き方までがんじがらめにしていた封建的な身分制度はなくなりましたが、同じように男女の差別もなくなったでしょうか。

維新政府は、廃藩置県、地租改正など、上からの近代化政策を次々と進めます。学制発布の翌年には徴兵令が出され、男女に等しく初等教育の機会を与えることとセットで、20歳以上のすべての男子に戦争に行くことが義務づけられました。

大日本帝国憲法（1889年）と教育勅語（1890年）、さらに議論をへて明治民法（親族・相続編1898年）が定められると、絶対主義的な天皇を頂点とする、男系男子中心の家族成員の序列が確立します。翌年には高等女学校令によって、国家主義的な「良妻賢母」教育が打ち出されます。女子教育に関する訓令では、裁縫と母親になるための準備教育の必要が定められたのです。

徴兵制のもとで兵役の義務を負わない女性は、いわば「二級の国民」として扱われ、政治に参加する権利も、財産を管理する権利もなく、社会全体にわたって男が主で女が従という仕組みがつくられたのでした。

これを少し具体的にみましょう。明治民法では、家族の中に「戸主」という地位が定められます。戸主は家族を扶養する義務をもつとともに、家族の結婚や住む場所を承認するなどの強い権限をもちます。相続は長男が最優先で、庶男子は長女に優先します。結婚すると、妻が夫の家に入り、夫の性を名乗るという夫婦同姓も、この時に初めて制度化されました。妻は法的には無能力者とみなされ、妻の財産は夫が管理するとされました。妻の「姦通」は、無条件で離婚の理由となるのに対し、夫は姦淫罪で処罰された場合のみに限られます。夫は、妻以外の女性との間に生まれた子を、戸主が認めれば正式な子にすることができる一方で、父親に認知されない子どもは、母親が単独の親権者として育てることも定められました。刑法（1880年）では、妻に対してだけ婚姻外の性愛を不義の犯罪と定め、望まない妊娠の堕胎も刑罰の対象とされました。

第一次世界大戦が終わると、都市の中間層を中心に、夫婦や親子の愛情による絆と排他性をもつ個人主義的な近代家族が生まれます。これまでの伝統的な武士の「家」とは異なる「家庭」の登場です。それとともに、女性には家庭にとどまり「良妻賢母」であることを期待する風潮が生まれ、今日までつながる性別役割分業が固定化されていきました。

このように、近世社会を貫いたジェンダー規範は、明治になってより近代国家にふさわしく再編され、むしろ強化されたのでした。いまの私たちが囚われ、縛られ、逃れたいと感じている「らしさ」や競争や自己責任や排他性や忖度や〝わきまえ癖〟や…そうした生きづらさの根っこには、明治時代につくられたジェンダー規範があったのです。

自由民権運動　はじめての参政権の願い

「御一新」で、自分たちの暮らしもよくなると期待した人びとの願いは、かなえられたのでしょうか？「富国強兵・殖産興業」をかかげた明治政府は、そのスローガンどおりに軍事費だけは聖域にしながら、徹底した緊縮財政とデフレ政策をすすめました。そのために米や繭の値段が下落し、重い税負担に苦しむ農民たちの不満がふくらみます。一方で、民主的な国づくりには欠かせない、憲法の制定と議会の開設はひき延ばしにする政府への不信が深まります。こうして憲法制定と国会開設、地租の軽減、不平等条約の撤廃をかかげる自由民権運動が、燎原の火のように全国に広がりました。

各地でひらかれる演説会の聴衆には女性の姿もありました。「自由は土佐の山間より出ず」といわれる高知で、「民権ばあさん」と呼ばれた**楠瀬喜多**《くすのせきた》もその一人でした。未亡人の戸主だった彼女は、土佐の県会議員選挙で女に選挙権はないと拒否され「戸主として納税の義務があるのに、選挙権がないのはおかしい。権利と義務は両立すべき道理である」「男女の権利に差があるというなら、男と同じように税金を納めるわけにはゆかぬ」と明治政府の内務省にかけあいました（1878年）。その結果、高知県の上町町会と小高坂村村会で、日本で最初の女性参政権が実施されます。1880年のことです。地方議会とはいえ、この時代に世界で女性参政権を実施していたのはアメリカのワイオミング州（1869年）だけで、世界でなんと2番目の早さでした。国政での女性参政権は1893年のニュージーランドが最初です。

大阪の演説会で「婦女の道」と題して演説し、女性弁士第1号といわれた**岸田俊子**は、当時20

楠瀬喜多（1836年〜1920年）

岸田俊子（1863年〜1901年）

歳の京都の呉服商の娘でした。男女の体力的・生理的・性情的な差異を女性差別の根拠とするような従来の考え方は封建的であると批判した「同胞姉妹に告ぐ」（１８８４年）は、日本で最初の男女同権論とされ、自由党の機関紙「自由之燈」に連載されました。

岡山では、岸田俊子を招いた政談演説会をきっかけに、全国で初めての女性結社である**岡山女子懇親会**が発足します（１８８２年）。女子教育と演説会を通じて、女性の中に自由民権運動を広げた懇親会には、のちに「世界婦人」を発刊する**景山（福田）英子**や、芸者・妾からクリスチャンとなり、岡山孤児院の運営を支えた**炭谷小梅**などもいました。景山英子は、母の**景山楳子**《うめこ》とともに、女子教育をかかげて蒸紅学舎《じょうこうがくしゃ》を設立し、貧しい家庭の子どもや家庭婦人に初等教育の機会を与えるための夜間部も開設しました。

集会条例による弾圧によって、懇親会は結成からわずか2年あまりで解散させられますが、他にも、**鹿児島婦女同盟**、**遠陽婦女自由党**（浜松）、**仙台女子自由党**、**豊橋婦女協会**、**愛甲婦女協会**（神奈川）などが各地で結成されました。

日本で最初のストライキ

「生糸が軍艦に変わる」……当時もてはやされた言葉です。一つの繭からは、約1200メートルの生糸が取れました。蚕の繭から生糸をとる製糸、綿花を紡いで糸にする綿紡績、綿糸や毛糸を織って布にする織布などの繊維産業を中心に日本経済は発展を遂げます。急速な資本主義化を支えたのは、労働者の6割を占める女性、とりわけ、その8割を占める10代前半の未婚の女子でした。資源のない日本が、軍備のために外貨を稼ぐ輸出産業を発展させるためには、女工たちの低賃金と長時間労働が不可欠だったのです。

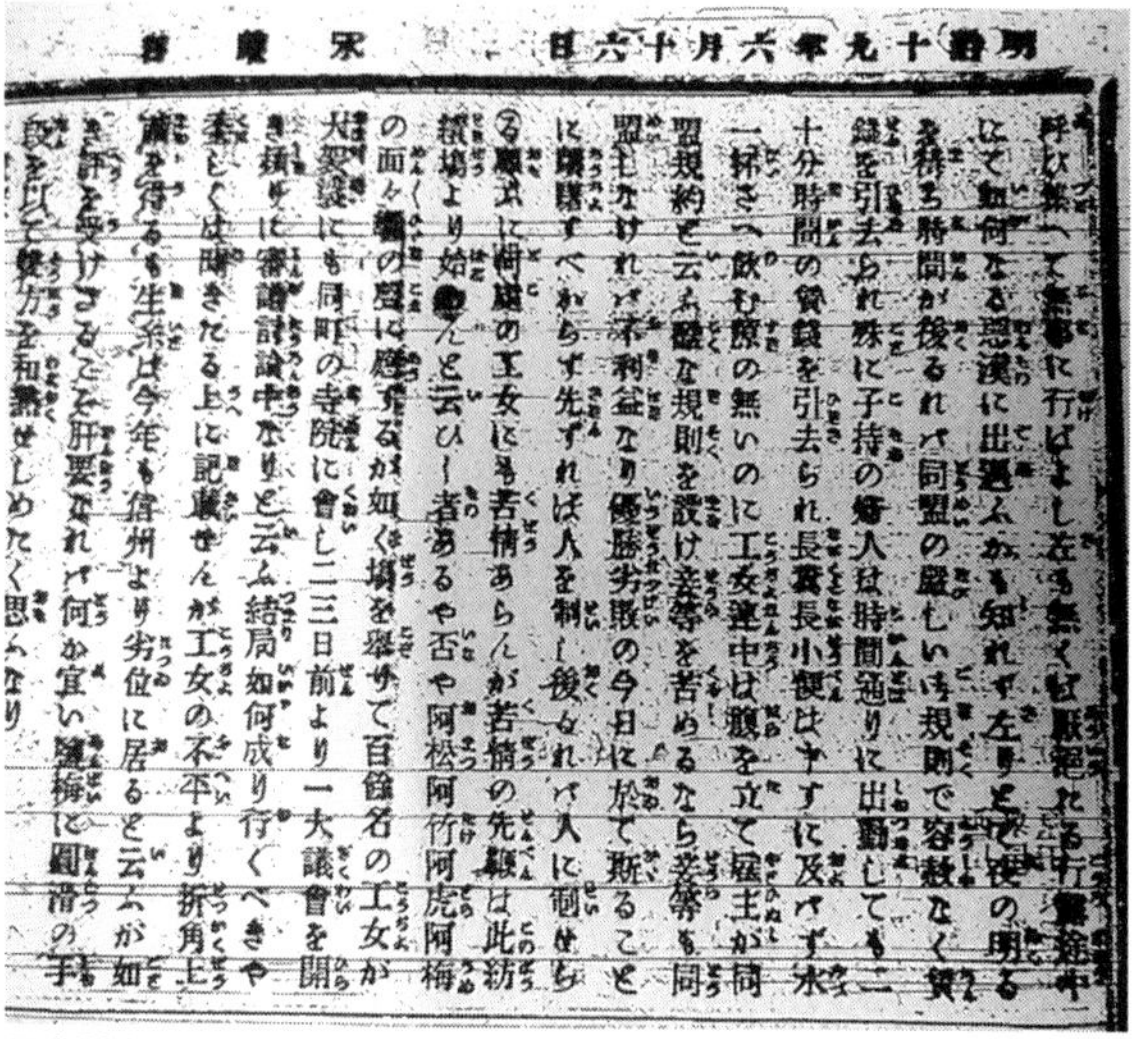

雨宮製糸工場の女工たちのストライキを伝える「山梨日日新聞」（1886年6月16日）

彼女たちの雇用契約は、家の戸主である父親と会社との間で交わされました。前借りした借金の返済のための年季契約は、近代的家父長制の下での人身売買そのものでした。一方で、一度雇用された女工たちは、資本家同士で自由に譲渡されうる「権利工女」として登録され、過酷な長時間過密労働と、身体の自由や退職する自由すらない寄宿舎生活で、徹底的に搾取されました。女工たちは、近代的な家父長制と資本主義的な搾取との二重の抑圧の犠牲者だったのです。

１８８６年には、山梨県の雨宮製糸工場の12歳から16歳の少女たちによって、日本で初めてのストライキが起こります。きっかけは、これまでの朝4時半から夜7時半までの14時間労働を、30分延長する一方で、１日32銭の日給を22銭に引き下げる、さらに遅刻は罰金をとるという、工場主である生糸組合からの一方的な通告でした。これに対して１００人の女工たちが、近くのお寺に立てこもって抗議するという自然発生的なものでしたが、結果は、出勤時間の繰り下げを認めさせるなどの成果を勝ちとります。同じ年には甲府にある別の４カ所の工場でも女工たちによるストライキが起きています。

過酷になる「嫁」の労働

女工たちの多くは農村の出身でした。農村では明治初年の地租改正で、農民は収穫高にかかわらず地価に応じて、現金で地租を納めなければならなくなっていました。その上に、松方デフレ（１８８１年～１８８６年）で米の値段が暴落し、多くの農民が先祖伝来の田畑を手放さざるをえないという窮乏に陥りました。農民の7割が、耕地1町歩（約１ヘクタール）未満の小作に転落する一方で、大地主が全国であらわれます。こうして没落した小作農から、収穫の6割もの高い小作料を収奪する「寄生地主制」が確立します。

家父長制の下で戸主が采配する家族総出の小作農業は、とりわけ嫁の労働を苛酷にしました。農家では、戸主と妻は、農業の他に養蚕や畳表をつくるなどの副業によって現金収入を得ていました。家事は主に戸主の母親と長女、次女が担い、食事の準備は戸主の母親が、子守と育児は戸主の母親と次女の仕事でした。現金収入のために、長女は女工となり、賃金労働者として働きに出ました。場合によっては、家の存続のために娼妓《しょうぎ》として働くことを余儀なくされることもありました。

農協の前身である産業組合中央会の調査部として、全国の農村を歩いてまわった**丸岡秀子**は、農村で働く女性たちの出産前後の休養や労働の状態、乳幼児の死亡、娘の身売り、託児施設、教育などの状態をつぶさに観察し、その訴えを聞き、これを『日本農村婦人問題』（1937年）にまとめます。丸岡は、「（江戸時代の百姓の）〝女房〟の地位は、そのまま現在にまで持ち越されている」と、江戸時代となんら変わらない農村女性の劣悪な現状を鋭く告発しました。

嬰児籠に一日中押し込められ、濡れた襁褓《むつき》（おむつ）に手足をくくられている赤ん坊。父母と田畑に連れて行かれて、田んぼの木の根株に縛りつけられている子ども。あるいは誰もいない家の留守番をさせられて、田んぼからの帰りの遅い母親を待ちくたびれて、暗い台所に打伏し、眠っている子ども。「こうした子ども達を残して、田畑に出る母親達の気持は、量り知れないものがある」「月々の婦人雑誌を彩る『育児法』は、これに対してどんな忠言をすることが出来るというのだろうか。そうした『育児法』が何を教えようと、彼女等には全く無縁である。彼女等は先ずその為めの条件が欲しいと望む」と、丸岡は農村女性の生活環境の改善を訴えたのでした。

越中の「女一揆」

１９１８（大正７）年に、富山県魚津町の女たちから端を発した米騒動は、全国に広がります。この年、政府が８月からのシベリア出兵を発表すると、政府による米の買取りを見越した米商人による米の買占めで米価が暴騰します。「一升めし食い」の漁民の暮らしはたちまち困窮をきわめます。当時、漁民の男たちの多くは北海漁場に長期の出稼ぎ漁に出ていました。漁の不振で仕送りが途絶えると、漁民の妻たちは、臨時の仲仕《なかし》や籐表・売薬の袋はりの内職で糊口をしのぎました。子どもたちもまた内職で家計を助けます。仲仕というのは、米問屋の倉庫から海岸まで米俵を運ぶ肉体労働です。米１俵を背負うて６００メートルも運んで、一晩中背中がひりひりするほど皮がむけても、労賃はせいぜい20〜30銭ばかりでした。

「また米が高なるがいね」。なんとかせんならんと７月22日夜、女たちは共同井戸に集まります。共同井戸は炊事洗濯の場でした。この「井戸端会議」のおしゃべりから、翌朝８時半、46人のおかか・おばばが集まります。女仲仕の代表が「みんなでてこいや」とよびかけると、ねねぼんぼして（赤ちゃんをおんぶして）集まってきます。〝水上のおばば〟と呼ばれた**水上ノブ**は当時60歳。男勝りの任侠肌で、声が大きく世話好き。あっさりした性格で物怖じしない。仕事のとりまとめが上手く統率力があったといいます。

「米をよそへやるから高くなるがだちゃ」「にっくき蒸気（汽船）に米を積ませんようにせんまいけ」と、口々に魚津沖に停船した汽船の伊吹丸をののしって、役場に嘆願に行こうとしたところを警察署員に諭されて解散させられます。そこで、今度は怒りの矛先を仲仕に向けて、海岸で「米の県外移出をするな」と船積みをしている仲仕に立ち塞がって抑え留めます。やむなく伊吹丸は、積み込みを中断して出発し、凱歌を上げた女性たちは、今度は米穀商店へと向かいます。米屋の外で「値を下げて売ってくれ」と哀訴・嘆願するので、最後には郡長や資産家が救済策を講じたといいます。このように、彼女たちの行動は「消費者に適正価格で売れ」という平和的で合法的なものでした。そのことは、富山県では米騒動で1人の起訴者も出なかったことからもわかります。

米騒動の当時、地元の総曲輪《そうがわ》小学校の5・6年生133人にとったアンケートがあります。「米はなぜ高くなったのか?」という設問に、「戦争のため」「米商人が買い占めしたから」「シベリアへたくさんいくから」と子どもたちがハッキリと回答していることに驚かされます。祖母や母が米騒動に立ち上がらざるを得ないほどの窮乏を生み出したものはいったい何なのか？　子どもたちは曇りのない目でしっかりと見ぬいていたのですね。

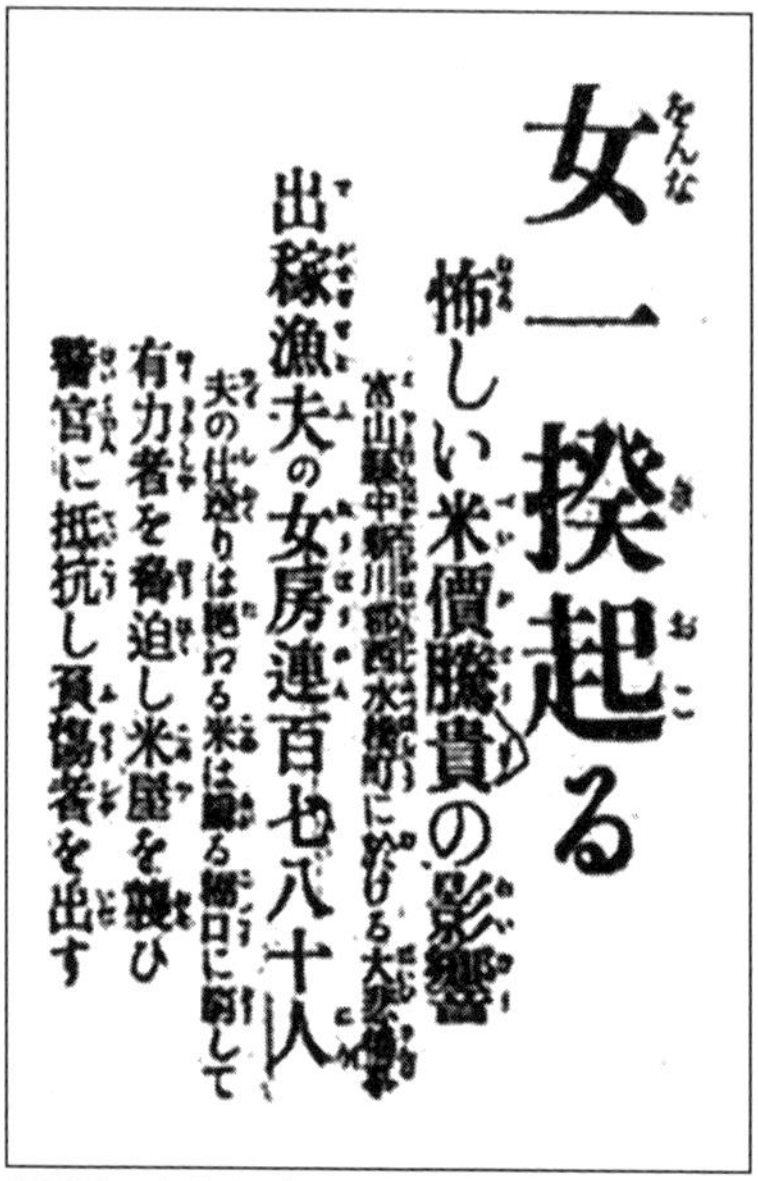
女《をんな》一揆《き》起《おこ》る
怖しい米價騰貴の影響
富山縣中新川郡西水橋町に於ける大騒擾
出稼漁夫の女房連百七八十人
夫の仕送りは絶ゆる米は騰る糊口に窮して
有力者を脅迫し米屋を襲ひ
警官に抵抗し負傷者を出す

米騒動で立ち上がった女性たちのことを伝える当時の新聞

米騒動は、「越中の女一揆」として全国に広がり（1道3府38県500カ所、参加した群衆の数は100万人）、大正デモクラシーにも大きく影響を与えました。初代朝鮮総督でもあった寺内正毅の軍閥内閣を退陣に追い込み、日本で初めての政党政治を誕生させます。当時の日本といえば、日清戦争に勝ち、日露戦争をへてロシアへの干渉をすすめる時期です。「米騒動」は、富国強兵を錦の御旗に突き進んできた明治政府が、いよいよ本格的に帝国主義の道を歩もうとするその最初の段階での、女たちの暮らしの実感から起こった闘いでした。

資本主義の発展と　労働争議に立ち上がる女性たち

第一次世界大戦が終わり、繊維産業はますますの拡大と寡占をつよめていきます。こうした中、細井和喜蔵が妻で女工の**高井としを**と、文字通り二人三脚で世に出した『女工哀史』（1925年）は、紡績工場の労働と寄宿舎生活の実態を人びとに知らしめ衝撃を与えました。

出版からわずか1カ月後、28歳で病死した細井和喜蔵は、京都府与謝郡加悦町の生まれです。婿養子だった父は、和喜蔵が生まれた時にはすでに家を出ていました。6歳の時に母が入水自殺をし祖母に育てられますが、貧困と祖母の病気のため、小学校5年生で退学し、13歳で祖母とも死別し、一軒おいた隣の機屋「駒忠」の小僧として働きます。和喜蔵が自らの実体験をもとに書いたのが、小説『工場』（1925年）と『奴隷』（1930年）です。

正月にも故郷に帰らせてもらえなかった大晦日の晩に工場が出火し、外から鍵をかけられた寄宿舎で眠っていた女工たちは、逃げることもできず犠牲となります。彼女たちの痛ましい亡骸を、故郷の村から引き取りにくる貧しい父親。引き取り手のない亡骸はぞんざいに扱われます。機屋の旦那に手込めにされて妊娠し、逃げるように故郷に戻って出産する女工。狡猾な募集人が、言葉巧みに高額の支度金（という名の会社からの借金）を親に受け取らせる人身売買さながらの女工募集の実態。機械に挟まれて圧死した8歳の少女工。乳飲み子を連れて出勤する女工が、わずかの休憩時間の度に保育場にきて、痩せこけた胸を開いて授乳する姿。やがて女工たちは、生まれて初めてのストライキに立ち上がります。これに対し会社側は、工場内に任侠の男たちを雇いこみ、ストライキを暴力でぶち壊していく……。資本の残虐性を生々しく描いたこの2冊は、ぜひ多くの方に読んでほしいです。

全国で女工の健康被害が深刻化する中で、その保護をめぐってついに政府も重い腰を上げざるをえなくなりました。「まだ発育の十分でない幼者や、将来母となる女子を長時間働かせるのは、国家が健全な国民の発育を計る見地からみて弊害がある。国家の自衛のためにも多少の保護が必要」という立場からではありますが、「職工ノ取締及保護ニ関スル件」（1896年）が上程されます。ところが、これに対して猛反発したのが、紡績業界の渋沢栄一でした。今度、1万円札になる人ですね。この人が「働く時間は長いといえるが、職工たちには耐えられる時間だ。間断なく機械を使っていく方が得だ。それには夜業が経済的にはかなっている」といって、母性保護に正面から反対したのです。工場法でよ

女工小唄

籠の鳥より監獄よりも
寄宿ずまいはなお辛い
ここを脱け出す翼がほしや
せめてむこうの陸《おか》までも

うちが貧乏で十二の時に
売られて来ましたこの会社
こんな会社へ来るのじゃないが
知らぬ募集人にだまされて

（「女工哀史」より　細井和喜蔵による蒐集）

うやく深夜労働が禁止されたのは、そこから30年以上も後の1929年のことでした。

日本で最初の労働団体の友愛会が結成されると（1912年）、女性労働者向けの演説会や茶話会を開き、参加する女性も増えていきましたが、女性は友愛会の正会員にはなれませんでした。その後、友愛会は日本労働総同盟となり、それまでの労使協調路線を脱して、争議という戦闘的な手段をとるようになっていきます。

大正から昭和にかけて、全国各地で労働争議が起こります。野田醤油、岡谷山一林組、東洋モスリン亀戸工場、東京地下鉄、富士ガス紡績押上工場、共同印刷、そして金賛汀《きむちゃんじょん》『朝鮮人女工のうた―1930年・岸和田紡績争議』（1982年、岩波新書）で紹介された岸和田紡績などの争議では、女性労働者も男性とともに闘いました。この他、映画女優や看護婦、カフェの女給や芸娼妓のストライキも起こります。

女たちは団結権や賃上げの要求とともに、育児所や男女別の便所の設置、外出の自由など、女性労働者にとって切実な要求をかかげました。共同印刷の争議では有給の産休を、東京地下鉄の争議では生理休暇を掲げて注目されました。500人の解雇通告を発端にストライキに発展した東洋モスリン亀戸工場では、会社側は、寄宿舎生活の女工たちを引き戻すために、故郷から父兄を呼び出して連れ戻させるなどの懐柔や弾圧を強めます。争議は終結し、外出の権利を認めさせました。「モグラ争議」と呼ばれた東京地下鉄スト（1929年）では、女子の賃上げや主要駅に便所をつくれと要求して勝利します。また、工場法改正（1926年）で、深夜業禁止が延期されると、組合や女性団体は署名活動や「女工虐待反対」のビラをまいて抗議し、「深夜業禁止」が大きな世論になりました。

日露戦争の頃になると、女性教員の数が次第に増えていきます。これは戦争による男性教員の不足を「月給低廉なる女教員」の採用で補おうとする文部省の方針によるものでした。「8週間の産前産後休暇と給与の全額支給を」「補充員を置いてほしい」という女性教員たちの要求が文部省を動かし、2年後に、産前産後8週間の休養の訓令が出されます。しかし、補充教員の規定がないため、「自習ばかりだから、もう学校にきてくれ」と生徒が自宅に迎えに来ることもあったといいます。1924年の全国調査では、24%が産前休暇なしという結果でした。これは、まさにいまの教育現場で起きている問題ですね。教員が働きやすい環境をつくることは、子どもや保護者にとっても切実な願いです。

「婦人には特殊の要求がある」…女性の労働をめぐる模索

大規模な争議が頻発する一方で、労働者の6割を占める女性労働者の組織化は、なかなか進みませんでした。長時間の不健康な労働を強いられ、あるいは逆に家計の補充でしかない労働で、封建的な「家」の意識に縛られている女性労働者の状態は、男性中心の労働組合の中ではなかなか理解されませんでした。

組合本部に婦人部をつくるかどうかをめぐっての議論は、生まれたばかりの婦人運動や労働運動にとって大事な意味を持つものでした。

女性が資本主義と封建的因襲に二重に抑圧されていることは認めるが、女性の低賃金は、女性の経済的負担が軽いためであるとか、労働組合は経済闘争をするところであり婦人問題の解決は、政党婦人部や婦人運動の仕事であるとか、組合に婦人部をつくるのは男女別の組織をつくることになり団結を妨げるなど、さまざまな議論が交わされました。男性の意識の壁は厚いものでしたが、この論争は、婦人運動の理論にも大きな影響を与えます。

この論争に刺激を受けたのが、日本で初めてベーベル『婦人論』（1879年／ドイツ）を全訳・紹介した**山川菊栄**でした。山川は、「『婦人の特殊要求』について」（『報知新聞』1925年）の中で、「日本ではブルジョア自由主義が確立されていないために、封建的な家族制度の桎梏が婦人を圧伏し、その人身的自由と社会的活動とを妨げている点に特に注意しなければならない」のに、結成されたばかりの無産政党は婦人政策が不十分であるとして、参政権や母性保護に加え、戸主制度の撤廃、民法上の妻の無能力規定の撤廃、婚姻・離婚の権利、教育と職業機会の平等、男女同一賃金、女性労働者のための休憩室と3時間ごとに30分の授乳時間、結婚・妊娠・分娩による解雇の禁止、公娼制度の全廃などをつけ加えさせました。男女平等は労働者階級だけでなくどの階級の女性にも共通の問題であり、「婦人には特殊の要求がある」というのが彼女の考え方でした。

「婦選なくして普選なし」…婦人参政権もとめて

自由民権運動期には、女性も政治集会に参加し、高知で女性参政権を得た地域もありましたが、その後の治安警察法（1900年）によって、女性の参政権や政治活動の自由は全面的に禁止されることになります。こうした中、**平塚らいてう**と**市川房枝**を中心に新婦人協会（1919年）が設立されます。婦人参政権や母性保護、花柳病の男性の結婚制限などを求めて運動する、日本で初めての市民的女性運動団体となりました。

新婦人協会は、女性の政治結社や政治演説会の参加を禁じた「治安警察法」第5条の修正を求めて運動し、2057人分の署名をつけて国会に請願します。議会傍聴や講演会をひらき、「女性同盟」という機関誌を発行し、支部がつくられる県もありました。そしてついに1922年、第5条2項「女性の政治集会の参加や主催を禁じる」を削除させ、女性たちは20年ぶりに政治演説会に参加できるようになりました。

新婦人協会の会合。手前左から市川房枝、奥むめお、平塚らいてう（「市川房枝自伝」より）

その後1924年には、市川房枝などによる婦人参政権獲得期成同盟会が発足します。1925年に25歳以上の男子のみの普通選挙権が実施されると、「婦選なくして何の普選か」と婦選三権……参政権・結社権・公民権（地方自治体への参加）を求めます。1933年には、都道府県議会の選挙権・被選挙権は認めないなど制限つきの男子25歳女子20歳の婦人公民権法案が政府によって提案され、衆議院で可決されますが、貴族院で否決されます。以後、婦人参政権の願いは実現しないまま、敗戦を迎えることになります。

公娼制　その延長につくられた日本軍「慰安所」

江戸幕府の三大遊郭のように、公権力が一定条件のもとで買売春の営業を許可するかわりに、利潤の一部を収奪するシステムを「公娼制」といいます。明治政府は、貧しさゆえに親に売られた娘が、何十年も遊郭で性を売らなければならない人身売買の制度が、外国から批判されるのを避けたいという動機から、芸娼妓解放令（1872年）、ついで娼妓取締規則（1900年）を発令します。これによって江戸時代以降ずっと続いた人身売買は、名目上は否定されました。しかしそれは、遊郭が貸座敷に、年季奉公契約が前借金契約に変わっただけで、実態としての人身売買は続けられました。むしろ彼女たちが自主的に、家の暮らしを助けるために娼妓になるのはよいとして、年齢16歳以上、期間は4年、警察に営業許可を申請し税金を払う、限られた遊郭に住んで客に性を売る、外出はできない、性病検査をする、という仕組みを政府がつくったのでした。実際の娼妓の生活は、客から受け取る金額の半分は経営者のものとなり、残り半分で税金を払い、食費などを出すとお金はほとんど残りません。着物の新調や医療費は新たな借金となり、借金を払うために期間は延びます。病気になった娼妓は転売されました。公娼制からあがる多額の税収は、明治政府の自由民権運動の弾圧費用に充てられました。

公娼制は、性を売る女性を「醜業婦《しゅうぎょうふ》」と呼んで蔑視する一方で、男性が性を買うことはまったく非難しない「性の二重基準」に他なりません。この「性の二重基準」は、戦後の売春防止法（1956年）にも引き継がれてゆきます。

1910年代になると、日本企業の南洋進出とともに、2万2千人もの「からゆき（唐行き）さん」が、シンガポールやマレーシア、インドネシアなどに存在したことが、**山崎朋子**『サンダカン八番娼館』（1972年、筑摩書房）や、**森崎和江**『からゆきさん』（1976年、朝日新聞社）で聴き取られています。

侵略戦争が本格化した満州事変以降、公娼制の延長上として、日本軍による「慰安所」が設置されました。日本が侵略した朝鮮半島、中国、台湾、フィリピン、インドネシアなどアジア・太平洋の各地域で、20万人ともいわれる女性たちが、日本軍の設置した「慰安所」などに連れて行かれ、性暴力を受けました。彼女たちは軍の管理下におかれ、日常的に暴力で脅され、逃げることもできず、抵抗して殺された女性もたくさんいました。

インドネシアで「慰安婦」にされた少女たち

2020年に、インドネシアのスラウェシ島で「慰安婦」にされた**8人のネネ**（おばあさん）たちを訪ねる機会がありました。そのときに強く心に残ったことは、いずれの方も被害にあわれた時には、まだほんの10歳を過ぎたばかりの、初潮前の女児であったということでした。朝鮮半島や中国、台湾の日本軍性奴隷の被害女性たちよりさらに幼い女児たちが、日本兵の性欲の対象とされたのです。

チンダさんも被害女性の一人（筆者撮影）

日本のインドネシア占領は1942年3月です。彼女たちは1年たたずに解放されたと証言しているので、1944年末頃のいよいよ戦争末期の段階に、あえて女児ばかりを狙った背景には何があったのでしょうか。性病の蔓延を避けるためにより幼い女児を狙ったのでしょうか。

日本軍によって家族を失い、自身もつらい体験をされ、いまはパレパレでお菓子を売りながら暮らしている**チンダ**さんの証言によると、スラウェシ島には当時、日本の紡績会社「鐘淵紡績」の工場が建てられていて、銃をもった日本兵が工場の敷地を管理する中で、現地の女性たちが調達され、働かされていたそうです。そこには「トゥアン・カネボウ（鐘紡の旦那さま）」と呼ばれる支配人がいたといいます。**ドリ**さんは、紡績工場で働いている帰りに、3人の少女とともに、そのまま「慰安所」に連れていかれました。

ヌライニさんは、父親と畑仕事へ行く途中で日本軍に連れ去られています。昼間はトーチカづくりのために、ルラの渓谷で、重い砂利を何度も運び上げる過酷な児童労働を強いられ、夜は日本兵の性奴隷として貶められ、食事や着衣もまともに与えられていなかったと証言しています。

日本軍が去ったあとも、被害女性たちは南スラウェシ地域の「シリ（恥）」という文化・価値観の中で、二重に苦しめられていました。カロシに住む**ジャヘラン**さんは、日本軍に解放されて家に帰ると、事実を知った父親から「家族の恥だ」といって鉈で殺されかけます。マカッサルでモスクなどを転々として暮らしているミンチェさんは、二度と家に戻ってくることを許されないまま、他に頼れる親族もなく、今もつらい生活を送っています。「自分たちは汚れている」「家族の恥」「自分が悪いのだ」と心理的に追い詰められ続け、今なお沈黙を続けている被害者も少なくありません。性暴力を受けた女性や少女たちが、それぞれの心と身体に受けた傷と、その後の生活や人生に与える影響は決してステレオタイプではなく、被害者の人生の数だけあるのだということを思わずにはいられませんでした。

敗戦後、すぐに日本政府は「慰安婦」関係の資料を処分し、長い間沈黙してきましたが、1991年8月14日、韓国の元「慰安婦」**金学順**《キムハクスン》さんが名乗りでて、日本軍性奴隷制の問題が国際的な人権問題として知られるようになります。日本政府も1993年に「河野談話」を発表し、慰安所の設置と管理と運営に日本軍が関与したことや強制性を認めました。さらに国連をはじめアメリカ・カナダ・オランダ・欧州議会で、日本政府に謝罪と国家賠償・次世代への教育を求める決議があがり、国際社会からも厳しく謝罪と国家賠償が求められています。

侵略戦争にからめとられていった女性たち

明治以降の78年間に、日本は16回もの海外侵略を重ねてきました。台湾や朝鮮、サハリンを植民地にし、中国の東北地方には満州国をつくって支配しました。中国に対する侵略戦争は15年間にもおよび、朝鮮半島の植民地支配は35年間にもおよびました。これらの地域の女性たちは、もともとあった女性差別に加え、日本の支配による民族差別が重なって、日本の女性たちよりもより過酷な生活を強いられたのです。

日本の侵略戦争は、アジアで2000万人の命を奪いました。沖縄戦では母親は自らの手で赤児を殺め、女学生は野戦病院で兵士を手当し、多くの住民が日本軍の命による集団自決で果てました。広島・長崎の原爆投下では地獄を彷徨い、差別の中で結婚も就職もできず、放射能による発病や異常出産の不安に怯える**原爆乙女たち**の苦しみがありました（**渡辺千恵子**『長崎に生きる』1973年、新日本出版社）。

ところが日本政府は、朝鮮半島の人々を苛酷な労働に縛りつけた徴用工問題も、女性たちを性奴隷としてふみにじった「慰安婦」問題も、いまだ真摯に解決しようとしていません。未曾有の侵略戦争をひきこした日本の女性としての加害の責任を、私たちはどのように自らに問い続けたらよいでしょうか。

国家の総力戦である戦争に女性をいかに動員するかは、戦争を遂行するための大きな政治課題でした。満州事変の翌年には「大日本国防婦人会」（1932～1942年）が結成され、さらに1942年には、20歳以上の既婚女性はすべて「大日本婦人会」（～1945年）に強制加入させられて、居住地域ごとに組織された隣組を活動母体に、侵略戦争に全面的に協力させられます。

結婚や妊娠や子育ては、女性として国家の仕事に従事しているのだとされて、「健康報国」「結婚報国」「育児報国」と大々的に宣伝されました。いまも、妊娠すると自治体から発行される母子手帳は、「妊産婦手帳」としてこの時期につくられたものです。政府や市町村は、結婚相談所を設けて、「悪い遺伝のない人を選べ」「なるべく早く結婚せよ」「父母長上の意見を尊重せよ」「式は質素に届は当日」「産めよ育てよ国のため」と結婚するときの〝注意〟を書いた「結婚十訓」をつくりました。6歳以上の子どもを10人以上育てている家庭を表彰し、妊娠中絶は禁止されます。性病の広がりで、学童疎開先の女子までが検査されました。このように、女性の性が国家によって動員され、監視されたのです。女性たちは、出兵した男性に代わって働き、子を産み、育てることを期待され、「千手観音のよう」と持ち上げられたのです。

そして、このような戦争協力の動員体制に、かつて婦人参政権の獲得運動で活躍したリーダーたちが組み込まれていきました。なぜ、彼女たちは戦争協力の先頭に立ったのでしょうか？　なぜ、戦争に反対する勢力となりえなかったのでしょうか？

大政翼賛会・中央協力会議婦人代表を引き受けた**高良とみ**は、のちに自らの戦争協力について、「その戦争協力理由の最大のものは、日清戦争後に生まれ日露戦争後に女学校教育を受けたという時代環境からくる民族主義」「女学校時代に教え込まれた国家主義が、あとになって出てきた」と振り返りました。

市川房枝は「今まで戦争反対を表明してきたが、ことここにいたった以上は協力もやむを得ない。時局突破に婦人が実績をあげることが即ち婦選達成の所以」と述べて、大日本言論報国会の理事を引き受けました（戦後、彼女は、大日本言論報国会の理事就任を理由に公職追放されています）。

当時、指導的立場にあった女性たちの責任について、のちに**神近市子**は、「戦争を機会として婦人

大日本国防婦人会の機関誌

の進出をはかっておけば、戦後婦人の解放が容易に行われるという見通しで、この婦人たちの戦争協力が始まった」「しかし、この人たちの地位が高まり社会的に認められた時には、いつの間にか反動勢力に吸収されていたので、その高まった地位に比例して多くなった影響下にある婦人大衆をも自分たちと一緒に反動陣営に売り渡していた」「この大衆への裏切りと信念のすり替え……婦人の解放と逆行した行為……これは国民が絶対に見逃せない事実であります」と戦後に語っています。確かに、第一次世界大戦後のイギリスでは、国家の総力戦のために、参政権運動を休止して戦争協力した**エメリン・パンクハースト**率いる**サフラジェット**や女性に対する「恩賞」として、女性参政権が実現したといわれます。このようなイギリスでの経験が意識されていたのかもしれません。3人はいずれも、戦後は国会議員として活動しました。

治安維持法によって投獄されながらも侵略戦争と絶対的天皇制に反対を貫いた女性たち……女工出身で、「闘争・死」の文字を刻んだコンパクトを遺した**飯島きみ**、諏訪の代用教員だった**伊藤千代子**、久留米出身の**高橋満兎**《まと》、山口出身の**田中サガヨ**をはじめ、無名の女性たちが存在したことは、日本の女性史に光芒を放っています。他方、特高警察による過酷な弾圧下にあったにせよ、女性の反戦活動を、非合法の地下活動に入る男性の身辺生活の世話に押し込めることが運動の一部にありました。志をもつ彼女たちはどんなにか複雑な思いで、戦後も悔恨の気持ちを抱き続けたことでしょう。

狂気のような軍国主義をまっしぐらに進んできた日本が、敗戦を迎えた1945年8月15日。「日本中が森閑として声をのんでいる間に、歴史はその巨大な頁を音なくめくったのであった」……これは**宮本百合子**の『播州平野』（1947年）の一節です。治安維持法違反で12年もの長きにわたり夫を獄中に奪われ、絶対主義的天皇制の暗黒の時代にあって侵略戦争の本質を見抜き、抵抗し続けた者のみが感じとることのできた歴史の瞬間でした。

日本国憲法とベアテ・シロタ・ゴードン

ベアテ・シロタ・ゴードンの自伝（朝日文庫、2016年）

戦後の日本国憲法の制定によって、ようやく日本の法律に初めて男女平等が明記されます。憲法24条には家族生活における個人の尊厳と両性の平等が謳われていますが、この24条の草案を書いたのが、GHQ民政局のスタッフとして憲法草案の作成に携わった、当時22歳の**ベアテ・シロタ・ゴードン**でした。彼女は、音楽家だった父の仕事の関係で5歳からの10年間を日本で育ちました。憲法草案の作成にあたっては、ワイマー

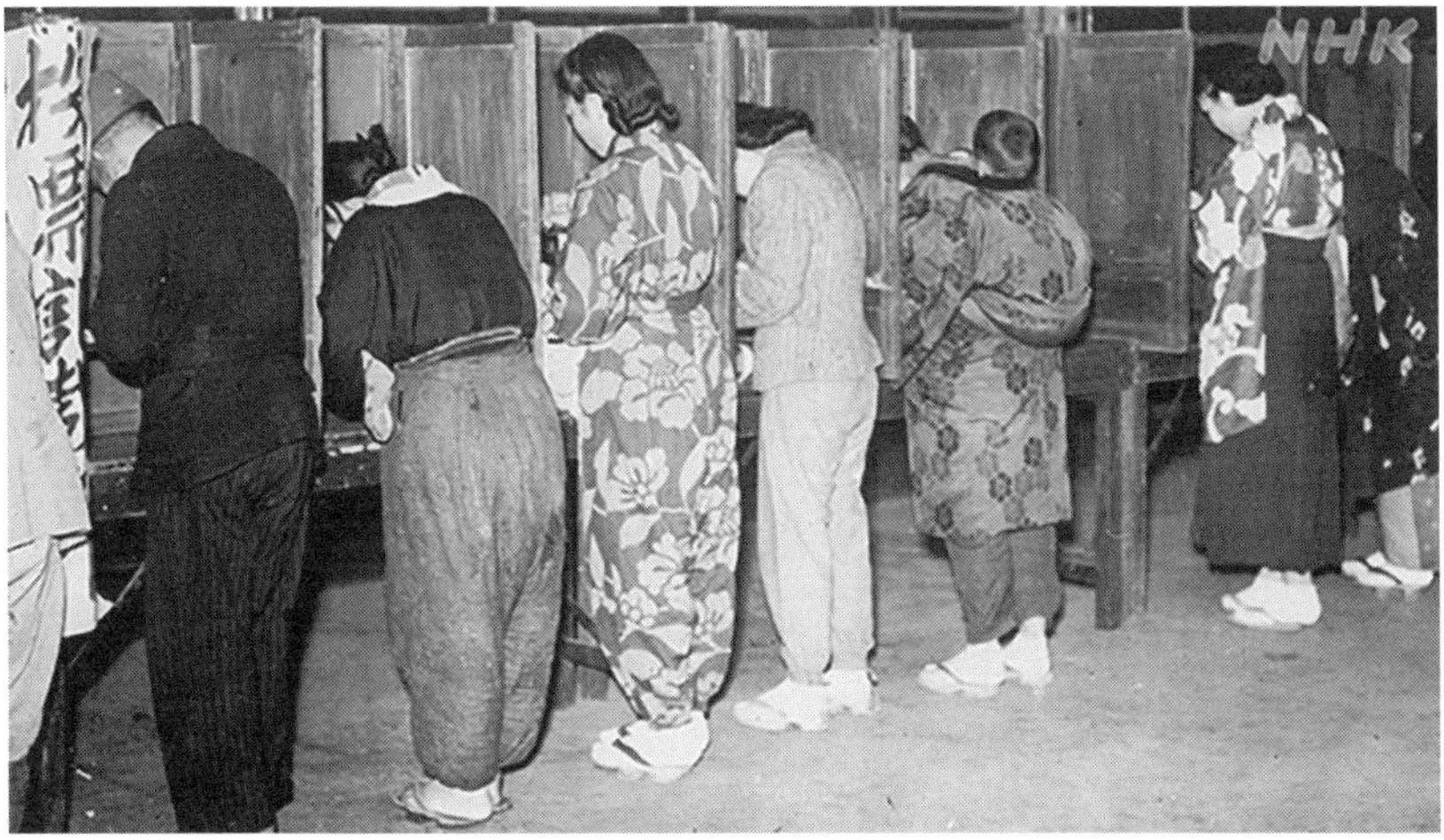

1946年4月10日の総選挙で初の女性参政権が実現（出所：NHKWEB特集「75年前、初めて投票した女性たちに聞いてみた」）

ル憲法、北欧・アメリカ・フランスの憲法や独立宣言、ソビエト憲法をかき集めて参考にしたといいます。

「私は各国の憲法を読みながら、日本の女性が幸せになるには何が一番大事かを考えた。それは、昨日からずっと考えていた疑問だった。赤ん坊を背負った女性、男性の後をうつむき加減に歩く女性、親の決めた相手と渋々お見合いをさせられる娘さんの姿が、次々と浮かんで消えた。子どもが生まれないというだけで離婚される日本女性。家庭の中では夫の財布を握っているけれど、法律的には、財産権もない日本女性。『女子供』とまとめて呼ばれ、子供と成人男性との中間の存在でしかない日本女性。これをなんとかしなければいけない。女性の権利をはっきり掲げなければならない」と回想しています。そして、最終的にはかなり削られてしまいましたが、ベアテが書いた最初の条文案には、家庭の男女平等にとどまらず、婚外子の差別禁止や母性保護、義務教育の無償や子どもの医療費の無料化など、多岐にわたる内容が盛り込まれていました。

「冬の日、炭屋さんの店先で、鼻水をいつもたらしていた男の子、トラコーマでただれた目をしていた子。歯痛で頬を倍ほどに膨らませ手拭いで縛って、それでも石けりしていた女の子……」。ベアテ自身が、子どもの頃に一緒に遊んだ近所の子どもたち……医者にかかれずにいた子どもたちの顔を一人ひとり思い浮かべながら書いたのが、「公立、私立を問わず、国の児童には、医療、歯科、眼科の治療を無料で受けさせなければならない」という条文です。このことは、長年京都で子どもの医療費無料化を求めて運動している私にとって心に残る言葉です。憲法は古くなったどころか、子ども医療費無料制度は、戦後75年たった今もなお実現していないのですから。

ベアテが担当したのは、社会保障と女性の権利に関する条項でしたが、当時の世界の憲法の最先端ともいえる人権保護規定をもつ内容でした。彼女が日本での子ども時代を通じて身近にふれてきた、女たち、子どもたちの実態と願いに根ざして書かれた憲法草案は、決して誰かに押しつけられたものとはいえないでしょう。そして、戦後から75年間、自民党と改憲勢力が、憲法9条を亡きものにしようと、総力をあげて繰り返し執拗に策動しているにもかかわらず、私たちがこの憲法を無傷のままで守っていること自身、この憲法を日本国民が戦後のたたかいの中で幾度もかちとり、幾度も選び続けてきたものであると胸をはることができるでしょう。

年表・近代の日本女性

1868年	明治維新
1871年	戸籍法制定・「壬申戸籍」作成
1872年	学制発布　徴兵令　富岡製糸場開業　芸娼妓解放令
1874年	民選議員設立建白書　自由民権運動はじまる
1880年	旧刑法制定　集会条例　高知県上街・小高阪村で女性参政権
1882年	軍人勅諭　戒厳令制定
1886年	山梨雨宮製糸女工ストライキ　東京婦人矯風会
1889年	大日本帝国憲法発布　皇室典範（男系男子に皇位継承）
1890年	教育勅語発布　旧民法公布　第1回総選挙　全国廃娼同盟会結成
1894年	日清戦争
1898年	民法（親族・相続編）公布・施行
1900年	治安警察法（女子の集会・結社禁止）　娼妓取締規則
1904年	日露戦争
1906年	福田英子『世界婦人』創刊
1910年	朝鮮併合
1911年	『青鞜』創刊
1914年	第一次世界大戦　東京モスリン女工ストライキ
1916年	友愛会婦人部結成
1918年	シベリア出兵　米騒動　母性保護論争
1919年	新婦人協会結成
1921年	赤瀾会結成
1922年	治安警察法の女性の政治集会の参加禁止を削除させる
1923年	関東大震災　日本で初の国際女性デー
1924年	婦人参政権獲得期成同盟
1925年	普通選挙法　治安維持法　細井和喜蔵『女工哀史』
1928年	伊藤千代子、飯島喜美など治安維持法違反で投獄・拷問死
1930年	大恐慌と凶作　東洋モスリン亀戸工場争議
1931年	満州事変
1932年	第一次上海事変で強姦防止を理由に日本軍が慰安所を設置 大日本国防婦人会結成　東京地下鉄ストライキ
1933年	制限つき婦人公民権法案が衆議院で可決・貴族院で否決
1938年	国家総動員法　国民精神総動員婦人団体連絡会
1940年	大政翼賛会発足　婦選獲得同盟解散
1941年	太平洋戦争　産業報国会指導部に女性起用
1942年	大日本婦人会発足（20歳以上の全既婚女性が加入） 日本軍の慰安所が東南アジア・太平洋地域に拡大
1945年	沖縄戦　広島・長崎へ原爆投下　ポツダム宣言受諾・敗戦 女性参政権獲得（翌年の総選挙で行使）
1946年	日本国憲法公布

第 3 章

市民革命と女性解放思想《（フェミニズム）》の萌芽

ラディカルに　しなやかに　生きぬいた女性たち

日本では、江戸時代の中頃のこと。天明の大飢饉による数万人規模の餓死と、江戸と大坂での大規模な打ちこわし、北海道では和人商人の酷使に耐えかねたアイヌによる「クナシリ・メナシの蜂起」が起きたちょうど同じ年に、ヨーロッパでは、絶対王政を倒して自由と平等を掲げた、フランス革命が起こりました。

女性解放思想（フェミニズム）の最初の萌芽は、この近代ブルジョア革命の中から生みおとされました。女性に固有の抑圧が起こる原因はなにか？　この抑圧はどんな社会関係の下で行なわれているのか？　どうすればこの抑圧をなくすことができるのか？　こうした問いかけに、自らのおかれた境遇と生き方を重ねながら、真摯に向きあった女性たちをたどりましょう。

フランス革命の限界をみぬいた「女権宣言」

オランプ・ドゥ・グージュ（1748年～1793年・仏）

フランス革命といえば、国王と議会に窮乏を訴えるために、7千人の女性たちが「パンをよこせ！」と叫びながらパリを出発したヴェルサイユ行進（1789年10月）に象徴されるように、フランス革命の最前線に女たちの姿がありました。ところが、フランス「人権宣言」（人および市民の権利宣言）（1789年8月26日）でかかげられた人権とは、オム（男性）の人権にすぎませんでした。女性や

オランプ・ドゥ・グージュ

ユダヤ人、有色の自由人、植民地の奴隷、家僕などは権利の主体から外されていたのです。このように女性の解放にはむすびつかなかったところに、フランス革命の限界をみていた女性がいました。**オランプ・ドゥ・グージュ**です。

オランプ・ドゥ・グージュは１７４８年、肉屋を営む父親と、装身具を商う母親との間に生まれました（のちの自伝では母とポンピニャン侯爵との私生児であったことを明らかにしています）。17歳で料理人と結婚しますが、わずか1年で夫と死別。幼い息子を連れてパリに出て、裕福な商人の妾をへて、劇作家として活躍します。彼女が書いた『ザモールとミルザ～幸運な難破船』（１７８８年）は、奴隷制度廃止を支持する作品で、検閲や上映妨害の中で公演されています。特権階級を厳しく批判し、老人や捨て子、失業者の妻のための公共施設の提案などの福祉や衛生に関する政治文書や国民議会への請願も書いていたオランプは、穏健な王党派の立場でした。40歳を過ぎて革命運動に身を投じるようになった彼女は、フランス革命の2年後に『女性および女性市民の権利宣言（女権宣言）』（１７９１年）を発表します。

この『女権宣言』は、革命が男性に保障した権利を、そのまま女性にも認めるべきであるというもので、人権宣言と同じ17条からなっています。「母親、娘、姉妹、すなわち国民の女性代表者たちは、国民議会の構成員になることを要求する」という文ではじまる前文は、「女性の権利への無知、忘却、軽蔑が、公共の不幸と統治の腐敗の諸原因にほかならないことを考えて、女性の譲り渡すことのできない、神聖な自然権を、厳粛な宣言として提示する」と宣言したのです。

第1条では、「女性は自由なものとして生まれ、権利において男性と平等である」ことを、第3条では「すべての主権の淵源は、本質的に国民にあり、国民とは、女性と男性の結合に他ならない」ことをはっきり示しています。

これらをみる限り、「人権宣言」をそのまま引き写して「人間（男性・オム）」を「女性（ファム）」に書き換えたにすぎないようにもみえますが、オランプの宣言はそれだけにとどまりません。有名な第10条の「女性は処刑台にのぼる権利をもつ。同時に女性は演台にのぼる権利をもたなければならない」というくだりは、無権利状態におかれた女性が、処刑台に上るときだけは、男性並みに扱われることを皮肉を込めて表現し、女性の自由な意見表明権や参政権を要求するものでした。

「女権宣言」の中には、「人権宣言」の枠の中にとどまらない、とても先進的な権利がふくまれています。第11条の「思想および意見の自由な伝達は、女性の最も貴重な権利の一つである。それはこの自由が、子どもと父親の摘出関係を確認するからである」「したがってすべての女性市民は、自由に、自分が貴方の子どもの母親であるということができる」という条文はすごくないですか。つまり、親子関係確認の権利は女性の権利であると宣言したのです。これは、家父長制下の男性の横暴に対する鋭い抗議の声であり、非嫡出子とその母親に対する法的な権利と救済を求めるものです。今日のリプロダクティブ・ヘルス・ライツ（生と生殖の健康と権利）にも通じるような、性の自己決定権の要求として意義があります。この第11条は、オランプ自身の生い立ち…侯爵の私生児でありながら、これを公にできなかったことと無関係ではないように思えます。

また、第17条の「財産は結婚していると否とにかかわらず両性に属する」は、当時のフランス社会で、結婚中の妻の、および未婚や離婚後の婚姻していない女性の財産権を求めるものです。女性の経済的自立に直結する要求であり、これも大変重要です。

このようにオランプの「女権宣言」は、単なる「人権宣言」の女性版という枠にとどまらない、普遍的な女性の権利宣言と位置づけることができます。オランプ・ドゥ・グージュは、女性解放思想の「起点」といえるでしょう。

その後、オランプは、フランス革命の過程で恐怖政治をおこなったロベスピエールとジャコバン派によって、1793年11月3日、処刑されてしまいます。**マリー・アントワネット**が処刑された19日後に、同じ断頭台の露と消えたのでした。彼女の処刑は、「女性としての美徳を忘れたため」であると公安資料は書きたて、女性たちに政治参加を思いとどまらせるための宣伝に利用されます。彼女の死後、フランス議会では、女性の議会傍聴権禁止令、女性の集会禁止令、女性の政治集会参加禁止令が次々と成立します。フランス革命で大きな役割を果たした女性たちに、反動の嵐が吹き荒れたのです。以後、フランスで女性参政権が実現されるには、それから150年も後の1944年まで待たなければならなかったのです。

与えられた役割ではなく　女性が自立して生きる道を

メアリ・ウルストンクラフト（1759年～1797年・英）

同じ頃、産業革命が進み、すでに深刻な社会問題を抱えていたイギリスでは、**メアリ・ウルストンクラフト**が、『女性の権利の擁護』（1791年）を発表しました。

メアリ・ウルストンクラフトの父親は、アイルランド出身の織布業者の息子でしたが、織布業の仕事を嫌って自作地主に転業します。しかし事業は思わしくなく、転居を続けるうちに没落してしまいます。生活の荒れた粗暴な父親は、愛情深いがしばしば暴力をふるいました。その夫に耐えるだけの従順で意志の弱い母親と、その母が溺愛して育てた自分勝手な兄という家庭環境の中で、メアリは、不安定で貧窮な少女時代を送ります。村の学校での読み書きしか教育を受けなかったメアリでしたが、元牧師のクレア夫妻や、親友**ファニー・ブラッド**との出会いを通じて、文学や哲学を学び成長します。19歳になったメアリは家を出て、経済的独立のために、貴族の家庭教師や金持ちの老婦人の相手などをして働き、母を介護し、弟妹たちの自立も援助しました。教育の男女不平等や、結婚した妻の惨めな存在を認識したメアリは、25歳の時にファニーや妹と、貧困階級の女子のための学校開

メアリ・ウルストンクラフト

設を何度も試みます。

ようやく文筆業で身を立てられるようになった頃に、別の女性と結婚する直前だったスイス人の画家と恋に落ちますが、結局は破れます。その後、メアリはフランス革命を目撃するためにパリに渡ります。そこで出会ったアメリカ人と結婚しますが、次第に彼の心が離れ、他の女性と共同生活をはじめたことに絶望し、自殺未遂をはかります。三度目の夫ゴドウィンとは、男女の自由な結びつきを大切にしたいという考えから、仕事部屋を別に設けて、互いに必要なときに会うという別居結婚でした。しかし、出産後の産褥時の処置の誤りによって、メアリは、38年の短い生涯を閉じたのでした。

メアリ・ウルストンクラフトの先駆性の一つに、『女性の権利の擁護』で、フランス革命を準備した啓蒙思想家を批判したことがあげられます。フランスの『人権宣言』で、女性が権利の主体から外されていたのは、フランス革命を思想的に準備したルソーの限界を反映するものでした。そのことをみぬき、ルソーの限界を明らかにして鋭く批判したのです。実際にルソーは、「自然的・肉体的不平等が、道徳的政治的不平等の根拠になってはならない」（『不平等起源論』１７５５年）といいながら、女性については「男性の気に入り、役に立ち、男性から愛され、尊敬され、男性が幼いときは育て、大きくなれば世話を焼き、助言を与え、なぐさめ、生活を楽しく快いものにしてやる、こういうことがあらゆる時代における女性の義務」（『エミール』１７６２年）であると主張していることを指摘しました。

メアリは、男女差別や女性の従属状態の根底にあるのは、女性に対する社会的偏見と教育の欠陥にもとづく女性の無知にあると考えました。そこで、「理性による女性教育」を通して、女性の自立を実現しようと考えます。「女性もまた男性と共に自分の能力を発揮するために地上に生を得た人間であるという大きな視点の中で女性を考えよう」とよびかけたメアリは、男女の不平等は、性的本質に基づくものではなく、社会体制や教育制度の産物であること。すべての階級の子どもが、男女ともに同じように教育を受けることで、理性が覚醒されると訴えたのでした。

また、「夫が生きているからといって自分の生計を夫の恵みに頼ってはならないし、夫の死後にも、夫の財産に支えられるようではいけない」と妻の経済的自立を説きました。そして、「女性が、政治の審議に直接参加することを全く許されず、ただ独断的に支配されるというのではなく、自分たちの代議士をもつべきだ」と主張したのです。これは、イギリスにおける婦人参政権の要求の最初の「第一声」として評価されています。

他にもメアリが提起した問題は、女性の主体性の確立、経済的自立、教育の機会均等、法の下の平等、結婚における不平等の除去、職業選択の自由、政治的権利の保障、社会的偏見の除去、母性保護など、いずれもその後のフェミニズム運動で取り組まれていくテーマが、未分化で未整理の形ではありながらもしっかりと提起されています。このような先駆性から、メアリ・ウルストンクラフトは「フェミニズムの始祖」と呼ばれています。

フェミニズム運動の狼煙あげた　セネカフォールズ大会

エリザベス・K・スタントン（1815～1902年・米）

メアリ・ウルストンクラフトの『女性の権利の擁護』は、海を越えてアメリカ大陸の女性にも影響を与えました。イギリスの植民地支配からの独立をもとめて火蓋をきったアメリカ独立戦争（1775年）では、女性たちも、イギリスから高く課税されていた紅茶や砂糖の不買運動を展開するなど、独立のために闘いました。しかし、独立後の産業化がすすむとともに、女性には、新しいアメリカ国家を建設する子どもたち、とくに息子たちに、愛国心と国家への忠誠心を育てる「共和国の母」であることが、次第に求められていくようになります。こうして女性たちは新たな性別役割を押しつけられ、家庭の中に押し込められたのです。

アメリカにおける女性解放の萌芽は、奴隷制撤廃運動の中から生まれました。契機となったのは、1840年にロンドンで開かれた、世界奴隷制反対会議です。この会議に、アメリカ代表として参加するはずであった**ルクレシア・モット**は、女性の代表は前例がないことを理由に会議への参加を拒否されてしまいます。ルクレシアは、メアリ・ウルストンクラフトの『女性の権利の擁護』を座右の書として読んでおり、クエーカー教徒として、奴隷制撤廃や女性の権利のために活動していました。

エリザベス・K・スタントン

一方、この大会に参加する夫についてきていた、**エリザベス・K・スタントン**もまた、女性の参加拒否に強い憤りを感じており、2人は会場で出会い意気投合します。その後、再会した2人は、女性参政権をかかげて「女性の権利のための大会」を準備します。

1848年7月19～20日の両日、ニューヨーク州のセネカフォールズという革新的な工業都市で開催された大会には、300人の女性労働者、クエーカー教徒、奴隷制反対の運動家などが参加しました。『所感宣言（女性独立宣言）』が、起草したエリザベスによって、高らかに読み上げられます。

宣言では、アメリカ独立宣言になぞらえて、植民地アメリカに対するイギリス本国の悪行を列挙した部分の主語「イギリス国王ジョージ一世」が、すべて「男性」に置き変えられました。そして「男性」は、女性の選挙権を認めなかった、女性に発言権を認めずに制定した法律を女性に強制した、結婚後の女性を法律上の無能力者にした、女性の財産権と労働賃金を剥奪した、結婚による夫への従属を強制した、女性の職業や教育への道を閉ざしてきた、と続けたのです。

さらに大会では、女性の権利に関する12項目の決議案が提案されます。そこには、発言および演説の自由、財産権、離婚の権利、職業選択の自由、教育の機会均等、そして女性参政権もふくまれていました。ところが、他の11項目は満場一致で採択されましたが、女性参政権については、あまりに革命的で時期早々だとする意見が多数で、賛否が分かれました。スタントンは女性参政権を強く主張し、奴隷制廃止運動家のフレデリック・ダグラスも賛同しました。結局、女性参政権の案はかろうじて小差で採択されます。こうしてセネカフォールズ大会は、アメリカの女性解放運動の狼煙（のろし）をあげ、女性参政権の獲得をめざす、第一波フェミニズムにつながってゆきます。

女性の解放と労働者の解放をともにめざして

フロラ・トリスタン（1803〜1844年・仏）

再び舞台をヨーロッパに戻しましょう。産業革命のすすむイギリスでは、巨大な資本の支配をもたらし、他方では人間性を喪失した大量の労働者階級が生まれていました。こうした中で、女性労働者の実態をリアルにつかみ、女性の解放を、労働者階級の解放と結びつけて、全世界の労働者の同盟を呼びかけた女性がいました。**フロラ・トリスタン**です。

フロラ・トリスタン

フロラ・トリスタンは、産業革命後の「怪物都市」ロンドンの抱えるさまざまな矛盾……チャーチスト運動、アイルランド人地区やユダヤ人地区、工場労働者、売春婦、監獄、幼児園、精神科病院……を実際に現場に足を運んでつぶさに観察します。この体験をもとに、社会派ルポルタージュともいえる『ロンドン散策…イギリスの貴族階級とプロレタリア』（1840年）を執筆。これはエンゲルスの『イギリスにおける労働者階級の状態』（1845年）よりも5年早く出版されています。

フロラ・トリスタンの生い立ちですが、彼女もまた、波瀾万丈の人生を送っています。フロラは、ペルーの名門出身でスペインの陸軍大佐の父親と、フランス革命の混乱を逃れてイギリスに亡命してきた母親との間に生まれました。両親は牧師の立ち会いだけで結婚をすませ、スペイン国王の結婚許可の手続きをとらなかったため、フロラは法的には私生児とされました。このことが後に、母とフロラの生活に大きな影響を与えることになります。

パリの美しい邸宅での裕福な幼年時代を過ごしたフロラですが、4歳の時に父が亡くなり、働くことを知らない母親との貧窮の少女時代を送ることになります。小学校もろくに卒業していないフロラでしたが、母と弟を養うために、彩色の仕事をみつけます。雇い主の石版画職人と17歳で結婚しますが、結婚生活に失敗します。ところが、当時のブルボン王朝では離婚が禁止されていたため、3人目の子を身ごもったまま別居した彼女の生活は、たちまち困窮と社会的な差別にさらされます。家族の生活のために、3人の子どもを母に預けてイギリスに渡ったフロラは、家政婦などをして働きます。その留守の間に夫がやってきて長男を奪われてしまったり、夫にピストルで射殺されかけて重傷を負うなど、いまでいうDV被害のようなことが続きました。

ある日、亡き父の遺産を、ペルーにいる弟である叔父が所有していることを知り、自分にも遺産分与を受ける権利があることを訴えるために、渡航のお金をなんとか工面して、4年後に単身ペルーに渡ります。しかし、フロラは私生児であることを理由に、遺産相続の法的な権利が認められず、叔父から一定の年金を受け取るだけでよしとしなければなりませんでした。

ところで、このペルー航海中の5カ月間に、フロラは船長と大恋愛をします。船長は彼女に、ユゴーやルソー、ラマルティーヌなどの作品を与え、5カ月間の船上での読書や会話が、彼女の思想形成の土台となりました。その後、彼女は、単身でのペルー滞在を記した『賤民の遍歴』（1837年）や、イギリス産業革命の功罪を鋭く描いた『ロンドン散策』（１８４０年）、『労働者同盟』（１８４３年）などを執筆し、旺盛に著作活動や社会活動にむかいます。この頃には、シャルル・フーリエや、サン・シモンなどの空想的社会主義者の思想に共鳴し影響を受けています。

フロラは、女性の解放について、「現在まで女性は人間社会の中でものの数に入っていない。教会・法律・社会の外におかれた」ために、女性に対する蔑視や差別意識が培われたことや、貧困と無知こそが労働者階級の悪の根源であるとのべ、子どもの養育を担当している女性に教育を受けさせることが大切だと力説します。

『ロンドン散策』では、炭鉱で働く女性たちの過酷な働かされ方と、それが彼女たち自身の健康と母性にいかに深刻な影響を与えるかについて、当時の国会に提出されたイングランド・アイルランド・スコットランドの労働者の労働実態に関する報告書にもとづいて、具体的に生々しく告発しています。「働かされる穴倉はしばしば非常に狭苦しくて、空気は薄く、湿気は甚だしくて、いつも頭上から水滴のしたたり落ちてくるような環境の中で、足を泥水に突っ込んだまま働かなくてはならない」「そこでは女性労働は、何よりもまず石炭を長い距離にわたり引いていくことである。この重い荷を堅抗から取り出せるところまで運ぶため、彼女らは身体を鎖でまきつけてそうするのだ」

続けて、「この不幸な女性たちの老化は、すでに三十歳から始まる。彼女らの子どもが誕生日まで生きられることなど稀である。彼女らは背柱の病気にもかかりやすく、それはしばしば八歳くらいで始まり、また多くの場合、死病の喘息にもかかりやすい。大半の男女、それも身体強健の者でさえ、四十歳ともなれば、どのような仕事もできなくなってしまう。」と、当時の労働環境が、いかに母性と女性自身の健康を破壊するのかを、鋭く指摘しています。

さらに、「一般的に、女性の就労場所は、破損が激しく、男のいやがるような坑道であるから、一番望ましいのは（いつ死んでも惜しくない）身体虚弱な人間ということになる」と、女性の健康と命などはまったくかえりみない資本の冷酷さ非道さを訴えました。

このように女性の解放を、労働者階級の解放と結びつけたフロラは、全世界の労働者の同盟を呼びかけます。ちなみに、彼女が労働者の組織化をよびかけた『労働者同盟』（1843年）は、『共産党宣言』（1848年）よりも5年も前のことでした。のちにマルクスとエンゲルスも、「フロラ・トリスタンの評価によってこの偉大な命題が日の目を見た」と『聖家族』（1844年）の中でふれています。

『労働者同盟』で、男女平等や、男女の労働権など9カ条の要求を主張したフロラは、労働者の組織化と「ユニオン殿堂」の建設をよびかけます。これは6歳から18歳までの子どもたちを育て、病気や負傷、老齢の人びとが休息できる施設を併設した、2千人〜3千人単位の生活共同体である「ユニオン殿堂」を、毎年2フランの労働者の自主的な出資で、各地に建設しようというものです。今でいう労働者の共済組織と政治組織を兼ねたようなものですね。

フロラは、労働者の団結は呼びかけましたが、ブルジョアや政府との対決や打倒までは主張していません。武装蜂起やストライキの戦術に固執する当時の労働運動の状況の中にあって、フロラは、合法主義と議会主義をふまえていました。そして、「所有権は不可侵である」というブルジョア的な所有権を巧みに読み替えて、労働者の唯一の財産は「腕＝労働」であり、その「腕＝労働」の所有権を行使するための労働権と、これを保障するための労働者の団結権と生存権とを主張したことは、注目に値します。

『労働者同盟』を手に、フランス中をまわって労働者を組織する旅の途中で、フロラはボルドーで病死します。41歳でした。労働者のカンパで彼女の墓がボルドー市内につくられ、墓前には1万人の労働者が彼女を偲んで、功績を讃えたといいます。フロラ・トリスタン没年の1844年には、ついにイギリスの労働法が初めて改正され、女性の労働時間が12時間に制限されることになりました。

女性差別の起源を人類史の中でとらえる

フリードリヒ・エンゲルス「家族・私有財産・国家の起源」

エンゲルスは、マルクスとともに『共産党宣言』（1848年）を発表し、国際労働運動をリードした思想家・革命家です。『家族・私有財産・国家の起源』（1884年）は、女性が抑圧されている原因や社会関係、解放の道すじを探求したもので、女性史を学ぶ古典の一つといえるので、ごく簡単に紹介します。

盟友マルクスの死後、遺稿の中から、ルイス・H・モーガンの『古代社会』（1877年）についての抜き書きメモを発見したエンゲルスは驚嘆します。そこには、結婚と家族について、①いまの家族の形態は人類社会の最初からあったものではなく、社会の発展段階に対応して歴史的に変化してきたこと、②はじめに氏族の集団があり、それが分かれて家族になったこと、③血縁家族の性交タブーの形成が、家族形成の出発点だったであろうこと、④人類社会の最初は男女差別も階級もない社会であったことが書かれていたのです。

『古代社会』を書いたモーガンは、民族学者で本職は弁護士でした。ネイティブ・アメリカンの教育と生活向上のために尽くした人で、彼らの土地をめぐるトラブルで、相手側の会社と交渉し買収を阻止したことで尊敬され、イロクォイ族の養子に迎えられました。

エンゲルス（左）とマルクス

この抜き書きメモをもとに、エンゲルスが、亡き盟友の遺言を執行する思いで書きあげたのが、『家族・私有財産・国家の起源』です。第2章「家族」では、女性の地位が転落していく過程が人類史のスケールで明らかにされています。

エンゲルスはまず、人類最初の社会について、「集団婚が存在するかぎり、出自が母方によってだけ証明でき、したがって女系だけが認められるのは明らかである」として母系社会の存在を認めます。そして余剰生産物である富が共同体から私的な所有に移るやいなや、「一方では家族内で男子に女子よりも重要な地位をあたえ、他方ではこの強まった地位を利用して伝来の相続順位を子どもたちの利益になるようにくつがえそうとする衝動」が生みだされること、「だから、母権による出自がくつがえされなければならなかったのであり、それは事実くつがえされた」として、父系社会への移行の必然性を明らかにし、これを「女性の世界史的敗北」と定義しました（日本では事情が異なることは第1章で述べました）。

続いてエンゲルスは、原始的な共同体では社会的な産業だった「家政のきりまわし」が、家父長家族、さらに一夫一婦婚の個別婚への移行とともに、公的な性格を失って「私的な役務」となったと指摘して、「妻は、社会的生産への参加から追いだされて、女中頭となった」と表現しています。

資本主義は、女性を労働者として搾取するとともに、再び女性を社会的生産に参加させる可能性をひらきました。しかし男性が経済的な優位にある社会にあっては、女性が家族の家事や育児や介護やもろもろの義務（ケア）をはたそうとすれば、「公的生産から排除されたままでびた一文もかせぐことができず、また公的産業に参加して自分の腕でかせごうと思えば、家族の義務がはたせない、という程度のものである」というエンゲルスの指摘は、まさにいまの私たちが日々の生活の中で直面していることですね。

では、これを解決していくにはどうしたらよいでしょうか？　女性の解放のためには、すべての女性が、再び社会的な生産活動に復帰することが「第一の先決条件」であること。そのためには、家事や育児や介護などの私的家政（ケア）を、個別家族の責任に負わせるのでなく、社会全体の責任でおこなうことがあたりまえの社会に変えていくことが必要だ、とエンゲルスは考えました。そして、それは生産手段の社会化によってはじめて実現できると彼は考えたのです。

ところが現実には、女性の社会進出は、エンゲルスの予想をはるかに超えて進んでいます。女性解放の「第一の先決条件」とされた「全女性の公的産業への復帰」についてみると、いま日本の15歳から64歳までの女性の労働力人口は2979万人で、女性の就業率は70・8%です（2021年総務省労働力調査）。最も高いアイスランドでは、女性の84%が働いています（2021年）。まだ全女性とまではいきませんが、だいぶ近づいていると思いませんか？

女性の就業のために必要な「私的家政の社会的産業への転化」についてはどうでしょうか？　国連女性差別撤廃条約（1979年採択）で「子の養育には男女および社会全体がともに責任を負うことが必要である」と宣言して以降、各国が具体的な数値目標を決めて実現にむけて努力しています。もちろんまだまだ道半ばであるとはしても、女性差別の解消とジェンダー平等は、資本主義社会でも実現できるし、また実現しなければならない課題といえるでしょう。むしろ、政治や経済の分野で、女性の参加がパリテ（同数）になってこそ、生産手段の社会化をナチュラルに良しと思えるような発想や国民の選択も、現実のものとなるような気が私はしています。

最後にエンゲルスは、婚姻の自由についてもふれています。「いまなお配偶者の選択にきわめて強い影響を及ぼしている副次的な経済的顧慮がすべて取り除かれたときに、はじめてあまねく実行されうるのである。そのときには、相互の愛情以外にはもはやどんな動機も残らない」。ここです。DVや依存症や、あるいは別の相手に心変わりなど、今も様々な理由で女性が離婚をしたいと思いながらも躊躇せざるをえないのは、男性の経済的な優位の結果であるというのです。そして「愛にもとづく婚姻だけが道徳的であるならば、愛がつづいている婚姻だけがまた道徳的である」「愛情がはっきりなくなるか、あるいは新しい情熱的な恋愛によって駆逐される場合には、離婚が双方にとっても社会にとっても善事となる」と述べています。

「国際女性デー」を提唱　反戦の女性の国際連帯よびかける

クララ・ツェトキン（1857年～1933年・独）

女性の権利と平和をかかげて、毎年3月8日に世界中で取り組まれる「国際女性デー」は、アメリカ社会党（1901年結成）の女性たちが、1909年2月27日（最終日曜日）を「女性デー」と決めて、女性参政権のキャンペーンをおこなったことに由来します。このスタイルに着想を得て、第2回国際社会主義婦人会議（1910年8月／コペンハーゲン）で、女性の政治的権利と平等、反戦平和をかかげる「国際女性デー」を提唱したのが、**クララ・ツェトキン**でした。クララ・ツェトキンは、国際社会主義運動における女性解放運動をリードしてきたことから「女性解放運動の母」と呼ばれています。

クララ・ツェトキン

ドイツのヴィーデラウ村で生まれたクララは、ドイツ社会民主党の女性機関誌『平等』

（1892年創刊）の編集責任者として、女性の啓蒙・理論教育に力を尽くしました。資本主義の発展が、女性労働者だけでなく、様々な階級・階層の女性に及ぼす影響と、こうした立場の異なる女性の異なる要求をきめ細かく分析して、その利害の相違と一致点を明らかにし、一緒に行動しようとよびかけたところに、クララの真骨頂がありました。

クララの果たした役割として特筆しておきたいことが二つあります。その一つは、資本主義社会の中で女性が働くことの歴史的な意義を明らかにしたことです。今ではとても信じられないことですが、当時の労働運動の中には、女性の労働の廃止や制限を要求する声がつよくありました。この考え方を真っ正面から批判したのがクララでした。1889年にパリで開かれた第2インターナショナル創立大会で、クララは「私はここで婦人労働者の状態を報告するのではなく、婦人労働を原則的立場から吟味したい」と述べた上で、「反動分子が女性問題について反動的見解をもつことは驚くにあたりません。ところが全く心外なことは、社会主義者の陣営内においても、女性労働の廃止を要求する誤った見解に出くわすことであります」と発言をきりだしました。

クララは、資本主義の発展にとって、女性の労働がけっして欠かすことのできないものであること。また、女性が経済的に自立するためには、労働が不可欠であることを強く訴えて、女性労働の資本主義的な雇用の必然性と積極面とを明らかにしました。クララは、賃労働による女性の経済的な独立を一つの大きな進歩とみたのです。そして、女性が働くことは社会的奴隷の状態から解放されるための条件であるととらえたのです。

もう一つ特筆したいのは、反戦平和のための女性の国際連帯のよびかけに、クララが心血を注いでいたことです。人類史上はじめての世界中を巻き込んだ戦争、第一次世界大戦が勃発する中で、本来なら、戦争反対の国際連帯をするべき各国のプロレタリアートたちが、それぞれが自分の国がこの戦争に勝つことが、労働者にとっても利益になると信じ込んでいたのです。しかもさらに難しいことには、他方で、この戦争を内乱に転化させることによってロシア革命を成功させるのだという、レーニンとボリシェビキの女性による、クララへの繰り返しのはたらきかけが強められていたのです。

このように、複雑かつ緊迫した状況の中でひらかれた、第3回国際社会主義婦人会議（1915年3月／ベルン）で、クララが起草した決議案「働く人民の妻たちへ」は、女性たちが立場の違いを超えて、この世界戦争に反対することをまっすぐによびかけるものでした。

クララの決議案は、戦場にいる夫や息子を想起させ、銃後を守る女性の生活の不安と苦しみに、いたわりと共感の心をこめた言葉ではじまり、女性たちに「戦争の目的は何か」「戦争は誰に必要か」という問題を穏やかに投げかけます。戦争は、資本家だけを利するものであること。しかし、この資本家による資本家のための戦争に対して「交戦諸国の男たちは、沈黙させられてい」るから、女性たちが戦争反対の行動に立ち上がらなければならないことを、誰にもわかる言葉で訴えるもので、代議員の心の琴線にふれるものでした（巻末資料に全文を掲載しました。ぜひお読みください）。

その後、社会民主党内部の戦争協力姿勢に失望したクララは、**ローザ・ルクセンブルク**（1871年〜1919年／ドイツ）らとともに「スパルタクス団」（1916年）を結成、ドイツ共産党の結成（1920年）に参加します。ワイマール憲法のもとで初めての女性参政権による選挙で、クララは帝国議会議員に選ばれます。共産党が得たのは2議席のみでしたが、当時のドイツ議会の慣習で、

74歳で最年長だったクララが、国会開会の演説を行ないました。ファシズムと資本主義と戦争犯罪者を厳しく糾弾するクララの肉声による演説は、今もネット上で聴くことができるそうです。しかし、1933年にはナチスが政権を掌握し、国会議事堂放火事件による共産党の非合法化のため、モスクワに亡命したクララは、まもなくその地で息をひきとります。

クララの死の翌1934年8月には、パリで千人の女性が参加して「戦争とファシズムに反対する国際婦人会議」が開催されます。さらに1938年5月にはマルセイユで、あらゆる民族・宗教・社会階層の女性たち700人が集まって「平和と民主主義のための世界婦人会議」がひらかれ、様々な立場から反ファシズムの声をあげました。クララ・ツェトキンのよびかけは、平和と反ファシズムめざす女性の国際連帯へとつなぐかけ橋となったといえるでしょう。

第4章

女性差別撤廃条約への胎動

コロナ禍であぶりだされる　ジェンダーの壁

コロナ禍の中で、日本社会のジェンダーの壁があぶりだされています。雇用調整で女性たちが真っ先に職を失い、自殺に追い込まれる。リスクの最前線にいるケアワーカーの処遇と賃金の低さ。一斉休校で、仕事を休まざるをえない母親たち。世帯主に支給されＤＶ被害者に届かなかった一律給付金。ＤＶと若年妊娠の増加。これまでの政治の女性政策の無策ぶりが吹き出しているようです。

一方、世界では、コロナ対策に女性リーダーが手腕を発揮したといわれています。世界18カ国で読まれている１８９４年創刊のファッション雑誌「ＶＯＧＵＥ（ヴォーグ）」が、「真のリーダーシップを発揮する７人の女性たち」を特集しました。ドイツの**メルケル首相**やニュージーランドの**アーダーン首相**、台湾、デンマーク、ノルウェー、アイスランド、フィンランドの女性首相を取り上げ、いずれもコロナ対策で成果をあげていると紹介しました。

実際に女性が首相であることと、コロナ対策で成果を上げていることに科学的な相関関係があるのどうかについて、イギリスのリバプール大学で興味深い研究がされています。研究チームは、女性リーダーに共通の特徴として、初期対応に優れ、死者が少ないことをあげて、人命を守ることへのリスク回避の傾向が高く、まずは経済よりも人命という姿勢を国民に促したこと。子ども向けの記者会見やエッセンシャルワーカーのＰＣＲ検査の優先など、国民にとって理由が明快で共感できる政策を示したこと。この二つが効を奏したと行動学的にいえるのではないかと結論づけています。

ジェンダーギャップ120位の遅れた日本

ひるがえって日本は、世界ジェンダー格差指数（GGI）で、156カ国中120位（2021年3月）です。とくに政治（147位）と経済（117位）の分野で大きく立ち遅れています。日本のどのようなところが遅れているのでしょうか？

国連の女性差別撤廃委員会（CEDAW）は、女性差別撤廃条約にもとづいて、4年に一度、締約国の状況を審査するシステムをとっていますが、この日本審査の最終の総括所見を読むと、日本のどんなところに遅れの問題があると認識されているのかがよくわかります。

2016年に行なわれた第7・8回日本審査でも大変厳しい勧告が出されました。日本政府からは「女性の活躍推進法」や「子ども・子育て支援法」の制定で、日本では男女共同参画がすすんできているという報告があります。これに対して各国の専門家で構成される委員会は、前回の勧告が実施されていないことに懸念を表明しました。とくに、民法改正、政治への女性の進出、女性への暴力、「慰安婦」問題などをあげて「強く要請する」という強い言葉で日本政府の速やかな改善を求めたのです。

総括所見の内容に少しふれましょう。民法については、夫婦同姓の強制、結婚最低年齢の男女差、女性のみに適用される再婚禁止期間などの差別的規定の改正があげられました。女性の結婚最低年齢はその後、18歳に引き上げられましたが、夫婦同姓が法律で強制されている国は世界中で日本だけで、実際には96％のカップルが夫の姓を名乗っています。再婚禁止期間の規定についても、100

日に短縮するだけではなく完全に廃止するよう求めています。

　政治参加と暫定的特別措置はどうでしょうか。女性の国会議員数は、いま世界平均で25・6%です。トップのルワンダは61・3%です。ところが日本では、衆議院議員は9・9%、参議院議員は22・9%、地方議会では女性が空白の議会が2割も残されています（2021年時点）。所見では、政治への女性参加が遅れている要因として、すでに世界の100カ国以上で実施されているクオータ制が、日本では導入されていないことが指摘されています。

2016年、国連女性差別撤廃委員会による第7・8回日本政府報告書の審査（提供：共同通信）

　女性に対する暴力では、性犯罪の非親告化・厳罰化や近親姦を犯罪とする規定、刑法の性交同意年齢を現行の13歳から引き上げることが求められました。自身の性暴力被害を告発した**伊藤詩織**さんをはじめ、全国の被害女性たちが勇気を出して声を上げたことで、親告罪の規定が110年ぶり（！）に撤廃されましたが、暴行・脅迫要件、心神喪失・抗拒不能要件は残されたままです。
　日本軍「慰安婦」問題では、政府の指導者や公職者による、被害女性に再びトラウマを与え責任を軽くするような発言を止めさせること、被害者の救済の権利にもとづいた損害賠償、公式謝罪を含む十全な救済と回復措置、教科書に「慰安婦」

問題を十分に取り入れ、歴史の事実が客観的に提供されることを強く要請しました。ところが審査の中で日本政府は、「(慰安婦問題は) 条約を批准する以前の事件なので、CEDAWでの審査はなじまない」と主張したのです。これに対して委員は「時間的管轄権による妨げはない」と、戦争による人権侵害に時効はないという立場をきっぱりと示すという場面がありました。

この他、健康では、10代の少女と女性の人工妊娠中絶率と自殺率の高さが懸念され、人工妊娠中絶の合法化と配偶者同意要件の削除が勧告されました。経済と社会保障では、シングルマザーや寡婦、障がいのある女性、高齢女性に、特に年金給付におけるジェンダーギャップがあることが指摘されました。その結果としての「貧困の女性化」に懸念が表明され、年金制度を彼女たちの最低生活水準が保障されるものにするよう求めました。農山漁村女性については、政策決定への女性参加が少ないことが懸念され、家族経営の女性の労働を必要経費に認める、所得税法56条の見直しを求めました。

NGO・市民社会の出番！

ところで、審査の中での日本政府のごまかしや言い逃れに対して、どうして国連の委員たちは日本の女性の現状をリアルに把握した上で、日本政府を厳しく問いただすことができるのでしょうか？そこには新日本婦人の会や日本婦人団体連合会など45のNGOで構成される日本女性差別撤廃条約NGOネットワーク（JNNC）による事前のレポートと、審査前日・当日の傍聴団によるCEDAW委員への働きかけがあります。これらが委員たちの理解をすすめる上で大きな力を発揮しています。

新日本婦人の会は2003年から国連の経済社会理事会（ECOSOC）の特別協議資格をもつ国連NGOとして認証されて活動しています。ニューヨークとジュネーブの国連本部に正式代表をおくことができ、経済社会理事会のすべての公開の会議を傍聴し、意見をのべることができます。日本政府の基礎報告に対するカウンターとなるレポートを提出することができ、それが国連で審査する委員たちに事前に配布され読まれます。毎年、国連女性の地位委員会に出す新婦人の声明は、公文書として記録されます。このように国連は、各国政府とNGO・市民社会の声をどちらも同じように重視しているのです。

日本の遅れはなぜ？① 家父長制にしがみつく人たち

日本のジェンダー平等が遅れている根っこには二つの大きな問題があります。その一つは、戦前の家父長制の考え方にしがみつく人たちが、今も政治家として権力をもっていることです。個人の尊厳を謳った憲法を投げ捨てて、再び戦前のような家父長制の時代に戻そうと「バックラッシュ（揺り戻し）」を執拗に続けているのです。

この勢力は、1997年に「日本会議」が結成され、同じ年に日本会議国会議員懇談会が結成されて以降、急速に日本の政治に影響力をつよめてきました。新しい歴史教科書をつくる会の教科書が文科省の検定に合格、知的障害のある子どもたちや保護者とともに実践を重ねてきた都立七生養護学校の性教育へのバッシング、日本軍性奴隷女性国際戦犯法廷をとりあげたNHK番組に介入、自治体の男女共同参画条例に「ジェンダー・フリー」の用語を使用させない等の攻撃を重ねてきました。２００６年に第一次安倍内閣が発足すると、教育の目標に道徳心を掲げて家庭責任を書き込んだ教育基本法を改悪しました。さらに第二次安倍内閣以降は、改憲を正面にかかげて、マスコミや教育を動員し総力あげて挑んできています。

こうしたバックラッシュのために、選択的夫婦別姓の実現や、女性にのみ再婚禁止期間を設ける民法の差別的規定の削除、刑法の性犯罪の暴行・脅迫要件等の削除もなかなか進まず、明治の家父長的な考え方に縛られた規定がそのまま残されています。ＬＧＢＴ法案も自民党内の強い反対でまとまりませんでした。

一方で、「女性は産む機械」「女は嘘をつく」「ＬＧＢＴは生産性がない」「ＬＧＢＴは種の保存に背く」など、自民党国会議員による女性蔑視・ジェンダー平等を敵視するような発言が後をたちません。古い家父長的な考え方が社会の中で大手を振っている方が、自分たちの支配に都合がいいからと野放しにしているのです。

ここで天皇制とジェンダーにもふれておきます。皇室典範の第１条で「皇位は、皇統に属する男系の男子が継承する」とあるように、今の日本の天皇制は男系男子主義をとっています。これについては、天皇の地位は国家機関の一つであり平等原則が貫徹されるべき、世襲制に合理的にともなう差別は仕方ないとしても性差別までは認めるべきではない等の理由から、違憲とする見方が強まっています。２００５年の皇室典範有識者会議では女性天皇を容認する報告書が出されました。いずれにせよ、男系男子主義の天皇制とジェンダーの問題はきりはなせません。私たちの日常生活の延長線上に天皇制がある。天皇制の問題もジェンダー平等の課題として、いずれのりこえていかなくてはならない問題でしょう。

日本の遅れはなぜ？②　女性差別を自ら作り利用してきた　財界と政府

日本の遅れのもう一つの要因……こちらの方がより根本的で本質的な要因ですが、女性差別がある方が得をするという財界と自民党政治のホンネがあります。

いま、日本の女性の賃金は男性の52・7％です。働く女性の56・1％が非正規雇用で、その4割が年収200万円以下のワーキングプアです。男女の賃金格差はそのまま年金にも直結します。厚生年金の平均は、女性は男性の62％です。その結果、非正規のシングル女性の3割、単身高齢女性の52・3％が貧困ラインに陥り「貧困の女性化」が広がっています。また、日本では、第1子の出産を機に女性の5割が離職しています。家族の介護や看護を理由にした離職は、5年間で48万7千人にのぼりますが、そのうち8割は女性です。

そもそも「専業主婦」という存在は、戦後の高度経済成長期の財界戦略としてつくりだされたものです。女性の方にだけ子育てや介護の家庭役割を押しつけて、男性には、保育所の送り迎えどころか、過労死するほどの長時間労働や、企業の勝手な都合で単身赴任もさせられるような働かせ方で利潤をあげる財界戦略でした。

一方、政府の方も、女性が担っている保育や介護のケアを、国の社会保障として引き受けて、財政支出を増やしたくない。それよりも女性は短時間の労働の枠に閉じ込めておく方が得策だと考えて、所得税や医療・年金の保険料などの制度や雇用政策で誘導します。１９８６年には、低所得の妻を〝扶養〟する夫は、妻の分の年金保険料を免除される「第三号被保険者制度」も制度化されました。

この結果、女性の多くが〝扶養〟の範囲内の短時間の労働にとどまり、引き続き、無償労働（アンペイドワーク）で家族のケアを担わされ、保育所や介護施設の建設は抑制されたのです。他方、保育や介護のケア労働は、「家事労働の延長」という位置づけで低く評価されたまま、賃金は他業種よりも10万円も低く抑えられてきました。

また、自営業や農業などの家族経営では、配偶者などの家族労働は必要経費として認めないという所得税法56条が是正されていません。このため、業者女性や農村女性たちの働きが正当に評価されず、経済的自立が妨げられています。このように、戦後の日本では女性の労働の広がりが、女性自身の自立や生活の豊かさにはつながりませんでした。

日本社会の一番のジェンダーギャップである賃金の男女格差を解決するには、「同一価値労働同一賃金」の原則を企業に実施させること、とくに女性に偏っているケア労働の賃金を他業種並みに引き上げることが不可欠です。また、子育てや介護のために女性が短時間での労働を選ばざるを得ないこの現状を変えるには、両親の育児休暇制度の導入と十分な保育・介護施設の増設、何よりも男女ともに子育てできる労働時間の短縮こそが必要です。

以上みてきたように、日本の深刻なジェンダー格差の根っこにある二つの問題は深く結びついています。自民党の政治家が「家族」を強調するのは、けっして個々の家族を幸せにしたいからではありません。もし本当にそうなら、家族がそろって一緒に夕食を食べられるように、ゆとりのある人間らしい働き方にとっくに変えているはずです。彼らのバックラッシュは、ただ単に彼らが時代錯誤で頭の中が古いからではないのです。私たちの意識の底に根深く残っている明治以来の家父長制の考え方を利用して、社会に自己責任の風潮をはびこらせ、育児や介護のケアを家族におしつけて、社会保障をできる限り圧縮しながら、女性の賃金を半分におさえコスト削減でグローバルな競争力をつけていくことに本当の狙いがあること。古い家父長制と〝新しい〟新自由主義とがむすびついていることをよく見ぬくことが大事です。

第二次世界大戦後　国境を越えてつながった女性たち

戦後の女性史を、ひとことで表現するとしたら、女性たちのエネルギーが国境を越えて一つに合流し、「女性差別撤廃条約」を生み出していく、まさにその「胎動」であったといえるでしょう。

第二次世界大戦が終わり、1945年の国連憲章の前文に「男女同権」が国際文書として初めて明文化されます。国連の創設時の加入51カ国の中でも、女性参政権が認められていたのは、まだ31カ国のみという状況でした。その翌年2月には、「女性の地位委員会」がいち早く設置され、6月には独立した委員会となります。このような早い段階で、しかも他の人権分野と違い、女性差別だけが独立した委員会として設置された背景には、戦前の日本の女性差別への深刻な問題意識があったといいます。「戦争は国の大小、貧富などの格差、民族、人種、宗教等の差異、男女差別などの偏見にある」「特にドイツの場合は民族差別、日本は女性差別が原因となった」という認識でした（「あごら」200号、1994年）。

その後、1948年の世界人権宣言では、女性差別をふくむすべての差別の撤廃が明確にされます。

そして1967年には「女性に対する差別撤廃宣言」が出されますが、この時にはまだ法的な平等という考え方だけで、性的役割分業の問題にまでは触れられませんでした。ここを乗り越えるためには、どうしても条約が必要でした。

「女性差別撤廃条約を！」という世界の女性たちの声と呼応するように、国連は1976年～85年までを「国連婦人の10年」と位置づけて、各国がこの問題に集中的にとりくむことをよびかけます。そしてついに1979年に「女性差別撤廃条約」が採択されます。日本は1985年に批准しました（2021年現在、国連加盟193カ国中189カ国で批准）。

この間には、第1回世界女性会議（1975年／メキシコシティ）、第2回世界女性会議（1980

世界の女性が国連とともに進めてきた国際会議や条約

1945年	国連憲章
1946年	国連婦人の地位委員会の設置
1948年	世界人権宣言
1952年	婦人の参政権に関する条約
1957年	既婚婦人の国籍に関する条約
1962年	婚姻の同意、最低年齢、登録に関する条約
1966年	国際人権規約
1967年	女性差別撤廃宣言
1975年	第1回世界女性会議（メキシコシティ）
1976年～85年	国際婦人の10年
1979年	女性差別撤廃条約
1980年	第2回世界女性会議（コペンハーゲン）
1985年	第3回世界女性会議（ナイロビ）
1995年	第4回世界女性会議（北京）
2000年	国連女性2000年会議（ニューヨーク）
2010年	UN Women 設立

年／コペンハーゲン）、第3回世界女性会議（1985年／ナイロビ）、第4回世界女性会議（1995年／北京）と4回の国際的な女性会議が開かれました。北京の女性会議には、190カ国から1万7千人以上が参加し、それに先立つNGOフォーラムには約3万1千人、日本からも5千人の女性が参加しました。会場では5千カ所にも及ぶワークショップが展開され、民族衣装をまとった女性が、自分たちの要求を縫い込めたキルトや色とりどりに描いたタペストリーを広げて、主張をアピールし、学びあい交流しました。

1995年、北京で行われた世界女性会議NGOフォーラム開会式（提供：新日本夫人の会）

「女性差別撤廃条約」の3つの意義

女性差別撤廃条約の意義について、ここでは三つの点にふれたいと思います。まず一つ目は、法制、行為、慣習、慣行等、公的か個人的かを問わず、**あらゆる女性差別を禁止**したこと、そして締約国にこれを義務づけただけでなく、事実上の平等、**結果としての平等**を求めたことです。そのために積極的な**暫定的特別措置**（ポジティブアクション）……クオータ制もその一つですが……を認めたことです。

二つ目に、**子どもの養育と家庭における男女と社会の責任**をうたったこと、そして**伝統的役割にもとづく偏見や慣習その他あらゆる慣行**の撤廃を求めたことです。固定化された性的役割分業を見直さない限り、真の男女平等はないということが、国際的にめざすべき目標として初めてかかげられたのです。

この議論の中で、とても重要な発展がありました。女性だけを対象にする労働の保護は、永久に女性は劣った性であることを公然と正当化し、女性を従属的地位にとどめるものになってしまうという考え方から、妊娠・出産・生殖という女性に特有の機能への有害な労働からの保護のみを、女性に対する保護として規定したことです。

これまでは、男女は異なった特性や役割をもちながらも、ともに重要な役割を果たしているのだから、平等に扱われなければならないという考え方が主流でした。「機能平等論」と呼ばれるのですが、いわば、男女の特性論・役割論を前提とした平等論でした。

これに対して、男女の潜在的能力は多種多彩に付与されているのであって、女性だけを保護することは、むしろ平等権を否定することになるのではないかという侃々諤々の国際的議論を経て、これを克服していきます。そして、女性の地位委員会は、母性保護は出産保護に授乳期間の保護をプラスしたものと定義し、女性差別撤廃条約でも、出産以外の女性に対する保護はすべて差別であるとしたのです。

こうした保護と平等をめぐる議論は、男女平等とは何かをめぐる考え方の大きな発展であり、その集大成が、女性差別撤廃条約であるといえます。条約は、男女を問わず、働く人びとが健康で文化的な生活を営むことのできる労働条件を確立し、女性のみに対する保護が必要でなくなるような労働環境を実現していくことこそ、雇用における男女平等を達成していくための重要な基盤の一つであるとしたのです。

その後、国際労働機関（ＩＬＯ）も「女性労働者の機会及び待遇の均等に関する宣言」で、妊娠・出産と生殖という女性に特有の機能に有害な労働に対する保護のみを、女性に対する保護と規定し、それ以外の伝統的に必要とされてきた深夜業や重労働の禁止などはすべて削除しています。

ところが日本では、条約のこの画期的な到達点を受けとめて、男女がともに子育てできる労働環境へと働き方を切り変えていく道をすすむことはありませんでした。財界と自民党政府は「男性並みに扱ってほしいなら、男性に並みに働け」といわんばかりに、１９８６年の男女雇用機会均等法を成立させ、以後、労働基準法の女性保護の規定を段階的に撤廃していったのです。

合言葉は「平等・開発・平和」

条約の三つ目の意義は、「平等・開発・平和」の基本理念が条約全体に貫かれていることです。

開発とジェンダーは、どんな関係にあるのでしょうか。従来、開発とは工場やダムや道路や橋をつくって生産性を上げることを意味してきました。そうしたモノの生産による豊かさや便利さだけでなく、そこに暮らす地域住民の基本的な生活基盤を確保し個人の幸福や人権を尊重することへの配慮なしには開発はあり得ないという視点です。女性や女児がどこか他から与えられた豊かさではなく、自身が教育を受ける権利や自己決定権をふくむ考え方です。

開発とジェンダーというとき、私がいつも思い出すのは、京都府の丹波・熊原で、水道がほしいと声をあげた女たちのことです。まだ古い慣習の残る農村地域で、嫁たちはいつも舅や夫に気を遣いながら暮らしていました。そこへ大堰川の砂利採取で水飢饉がおこります。生活に欠かせない水を汲むために、毎日重い桶を抱えて川と家の間を往復するのは嫁の仕事でした。地域の**生活改善グループ**で**普及員**や**壽岳章子**さんとともに憲法を学び、嫁の苦しい胸のうちを語りあう中で、「かなんのは誰やいな」「いちばん言いにくいことを、いちばん言いにくい人に言う」と変化したのでした。

戦争とジェンダー

平和とジェンダーはどんな関係にあるのでしょうか。戦前の日本がそうであったように、国民を戦争に動員するために、「男は妻や恋人を守る」「女は銃後を守り、よい兵士になる健康な男子を産む」というジェンダーイメージが利用されます。しかしそれだけではありません。

戦争は人間の生命を奪うとともに、しばしば女性の人権を徹底的に踏みにじります。身体や心に受ける傷の深さも男性とは違います。その後の生活や人生にも男性とは異なる影響があります。例えば、2021年1月に発効した核兵器禁止条約では、核兵器の破壊的帰結は、「妊婦の影響と女子に対する過剰な影響をもたらす」と、女性にとってより深刻であることにふれているのも同様の考え方からくるものでしょう。2000年に採択された安保理決議第1325号「女性・平和・安全保障」も、「武力紛争が女性と少女に与える影響についての理解、また彼女らの保護と和平プロセスにおける完全な参加を保障する効果的な制度的取極が、国際の平和および安全の維持並びに促進に重大に貢献しうる」としています。

また、日本軍「慰安婦」問題はじめ、戦時性奴隷制度の問題や、沖縄の基地あるがゆえにレイプが繰り返される、基地と性暴力の問題も然りです。ボスニア・ヘルツェゴビナの民族紛争では「民族浄化」と称してセルビア系民兵による、ボスニア人女性（イスラム）への組織的強姦が行なわれました。妊娠させた後、中絶できない状況になるまで女性を解放しなかったといいます。ルワンダでも、ツチ族とフツ族の間で組織的強姦が行なわれました。性暴力が、対立する民族を排除し、打撃を与える手段とされたのです。

ノーベル平和賞を受賞したコンゴの医師デニ・ムクウェゲさんが、「紛争下では性暴力は武器とされる」としてその根絶を訴えたように、戦時性暴力は、性欲の暴走に解消できない、戦争と軍隊のもつ構造的な問題なのです。国際刑事裁判所（ICC）のローマ規程（1998年）では、戦争犯罪（第8条）として、強姦、性的な奴隷、強制売春、妊娠状態の継続、強制断種その他あらゆる形態の性的暴力」が明記されました。

選択議定書　個人の通報と国連による調査

女性差別撤廃条約をより実効性のあるものにするために、1999年には選択議定書が採択されました。これによって、二つの制度が保障され、さらに実効性を高めています。一つは、条約に違反するような事態があった場合の個人通報を認め、自国の許可を得なくても、直接国連に訴えることができることです。自分の国の裁判所で争っても救済されなかった人がCEDAWに直接通報して救済を申し立てることができるのです。これまでにフィリピンの強姦事件（上司にレイプされ、刑事告訴したが8年間とめおかれた末、「本気で抵抗していれば性行為には至らなかった」として無罪になった）やスペインでのDV夫との面会交流中の子どもの殺人事件（2年間で30回もDVのあった夫と離婚後、裁判所の監視なしで娘と面会交流中に、夫が娘を殺害し、自殺）など、40カ国の女性から155件の申し立てがされ、32件で国の条約違反が認定されています。

もう一つは、国連による独自の調査制度です。この制度によって、個人通報による救済の内容は、単に金銭補償するだけでなく、再発防止や原状回復、関係者の研修・教育訓練、法改正の命令など、より条約を実効性あるものにしています。ところが、残念ながら日本政府は「司法権の独立が侵される」ことを理由に選択議定書を批准していません。世界中ではすでに140カ国で批准しています。

フェミニズム運動の中で　名前のついた新しい権利

ここでは条約ができて以降に、世界の女性運動によって新たに確認されてきた国際合意についてみましょう。最近はみなさんもよく耳にする言葉だと思います。これらは、それまでは存在しなかった言葉です。大事なことは、戦後のフェミニズムや女性の人権を守る運動の中で、新しい権利として名前がつけられて、国際的な合意となってきたことを胸に刻みたいですね。

「女性と女児への暴力根絶」は、女性と女児に対する肉体的・精神的・性的なあらゆる暴力行為をなくすことです。これは夫婦や恋人同士の個人的な問題ではなく、社会問題であると位置づけられました。1993年のウィーン会議での「女性に対する暴力撤廃宣言」が画期となりました。アフリカのサハラ地域の少女の「割礼（性器切除）」や性暴力、人身売買、性的搾取、児童婚などをふくみます。95年の北京行動綱領では「女児」の項が新たに加わりました。また、セクシャルハラスメントも暴力の一つとして取り組まれ、2019年にはILOで初めて労働分野におけるハラスメント禁止条約が成立しました。

リプロダクティブ・ヘルス／ライツは、「性と生殖に関する健康と権利」という意味です。いつ何人子どもを産むか産まないかを選ぶ自由、安全で満足いく性生活、安全な妊娠・出産と子どもの生育をふくみ、思春期や更年期における健康など、生涯を通じて問題に直面する女性の自己決定権です。1994年の国際人口開発会議でのカイロ宣言に盛り込まれましたが、「中絶の自由を含まない」と米国が反対しました。日本でも、刑法の堕胎罪の規定（212条〜214条）の削除や母性保護法14条第2項を、配偶者からの暴力や配偶者間での不一致の場合は、本人同意のみで人工妊娠中絶できるよう改正することが求められます。

女性が最適なタイミングで産むためには中絶と避妊は不可欠です。日本では、避妊は、男性主導のコンドームが主流で、低用量避妊ピルの認可は世界から40年も遅れました。緊急避妊薬ピルなど、女性が主体的にできる避妊方法もこの権利にふくまれるでしょう。中絶についても、WHO（世界保健機関）が推奨する初期中絶方法の安全な中絶薬は、現在77カ国で承認されていますが、日本ではいまだに、WHOから安全な方法に置き換えるようにと指導されている外科的手法である拡張掻爬法が主流です。

子どもたちへの包括的で科学的な性教育の実施も重要です。これは、性（セクシュアリティ）をセックスや出産のことに限定せずに、他者とのかかわりなど、人間の心理的・社会的・文化的なもの、広く人権の問題としてとらえて、すべての子どもを対象に行なわれる性教育のことです。「性的合意」についての理解や、「避妊をしないセックスは女性に対する暴力であること」などもふくみます。

LGBTQは、レズビアン（女性同性愛者）、ゲイ（男性同性愛者）、バイセクシャル（両性愛者）、トランスジェンダー（性自認が出生時に割り当てられた性別とは異なる人）、クイア・クエスチョニング（性自認や性的指向が不定・不明の人）の頭文字で、性的マイノリティの総称です。このうちのLGBは誰を好きになるかという性的指向のことで、TとQは自分の性別をどう自認しているかということです。そこで、性的指向や性自認の権利として、SOGIという言葉がとても大切な概念です。

SOGIとは、セクシャル・オリエンテーション（性的指向）、ジェンダー・アイデンティティ（性自認）の頭文字です。これは性的マイノリティに限らず、あなたも私もすべての人が性的指向や性自認をもっており、そのことを理由に差別されることがあってはならない。それは、人権として保障されるという考え方です。2008年の国連総会で「性的指向と性自認にもとづく人権侵害の終焉をよびかける」という声明が初めて発表されました。2011年の国連人権理事会でも、性的志向や性自認を理由に人々が受けている暴力行為や差別に重大な懸念を示す決議が採択されています。

女性のエンパワメントは、「女性が力をつける」という意味です。様々な理由で差別や偏見によって自分の力を低く見積もってきた女性たちが、自分の力を再発見し、それを発揮することを応援するようなプロセスを意味します。さらに女性のエンパワメントとともに男性を巻き込むこと（インヴォルヴメント）も大切です。女性にとって生きやすい社会は、男性にとっても、性的マイノリティの人々にとっても暮らしやすい社会なのです。

ジェンダー視点の主流化は、「あらゆる領域・レベルで、法律・政策およびプログラムをふくむ計画されているすべての活動で、男性および女性への関わり合いを評価するプロセスである」として、国連あげて様々なレベルの会議や文書で意識づけられています。私たちの民主的な運動でも、ジェンダー平等を縦割りの一分野としてつけ加えるのではなく、すべての課題にジェンダー視点を〝横串〟に貫くことを心しておきたいですね。

ジェンダー格差で12年連続1位のアイスランド

条約から40年、世界の取り組みは大きくすすみました。ここでは世界ジェンダー格差指数（GGI）12年連続第1位のアイスランドについてみましょう。アイスランドでは1980年に世界で初の女性大統領が誕生します。現首相も子育て中の40代の女性です。企業の役員の4割以上、国会議員の

4割近くが女性です。子育てしながら働き続けるため、保育所や育児休暇制度を整備し、育休は父親も母親も3カ月、残りはどちらがとってもよいというしくみです。男性の育児取得率は8割です。

議会で授乳した議員たち（出所：Guide to Iceland）

こうした取り組みの転機になったのは、1975年の国際婦人年におこなわれた「女性の休日」でした。なんと9割の女性が仕事と家事をストライキし、5年後の女性大統領の誕生につながりました。

そして第二の転機となったのが、2008年の金融危機でした。男性中心のマネーゲーム企業が次々と倒産する中で、堅実な女性経営の投資銀行は黒字だったため、経済活動での女性の役割が再評価されたのです。さらに2018年には、世界で初めての男女同一賃金法が制定されました。雇用主に同一賃金の証明を義務づけるもので、アイスランドではいま女性の賃金は男性の95％です。上場企業は取締役の40％以上を女性にすることが義務づけられ、達成できない企業は上場廃止で清算されてしまいます。ちなみにいま北欧5カ国のうちスウェーデン以外の4カ国の首相が女性です。

「女性の休暇行動」Icelandic women's 'Day Off' in 1975.（出所：Guide to Iceland）

世界に先駆けた　日本国憲法24条

アイスランドが羨ましいですね。でも日本も捨てたものではありません。日本国憲法には、ジェンダー平等につながる考え方が「個人の尊厳」として、75年前からかかげられているのです。憲法14条には、ジェンダー平等の基礎となる平等原則が定められています。その上で、実質的なジェンダー平等を達成するには、13条と24条がとても重要です。

13条は「すべて国民は、個人として尊重される」として個人の尊重と幸福追求権を保障しています。性と生殖の権利も、同性同士が結婚する権利も、自己決定権として憲法上保障されるということです。

24条は「個人の尊厳と両性の本質的平等」を定めています。これはＳＯＧＩ（性的志向・性自認）尊重の考え方にも通じるものです。憲法が成立したのは１９４６年ですが、この時点で、24条のような憲法条項をもつ国は他にありませんでした。１９１９年のワイマール憲法には、14条のような一般的な男女平等の原則はありましたが、24条のような条項が憲法に定められていたことはきわめて先駆的です。

住友生命ミセス差別裁判の勝利集会（出所：「しんぶん赤旗」2003年2月23日）

なお、24条の「婚姻は、両性の合意のみに基いて成立」の「両性」は、同性カップルを排除しているとは読めないでしょう。この条文は、世界中でまだ同性婚が論議されていない時にできたものだからです。「両性の合意のみ」という文言が排除しているのは、当事者の合意を否定する家制度の戸主権であって、同性を排除するという意図はありませんでした。だから24条の2項では、それまでの家制度で否定されていたことを、いちいち細かく盛り込んで保障しているのです。同性間の婚姻は、民法改正の手続きをすれば可能であることは家族法の学会も提案しています。

働きつづけるために　仲間とともに　おおらかに

結婚・出産退職制や若年定年制、賃金・昇進昇格の差別、セクシャルハラスメントなど、職場の男女差別の是正をもとめてたたかわれた数々の労働裁判は、女性の働く権利全体を広げ、法的整備をすすめていく力となりました。

「住友生命ミセス差別裁判」は、既婚女性への差別を問う全国初の裁判で、住友生命と国の双方を相手に、**12人の女性労働者**が原告となって闘われました。入社面接で「結婚したらやめてもらう」といわれ、「結婚退職しない人には結婚式で社長の祝電は打たないように」と社内通知が出るような職場です。保育所へのお迎えができないような遠方への転勤、残業できない分の仕事をしろと過重な業務の強制、妊娠7カ月で仕事場を1階からトイレも電話もない2階に移され、呼出しの度に階段を昇り降りさせるなどの嫌がらせで、徹底した既婚者排除がおこなわれてきました。昇進もなく未婚の役付き女性とは年収で2百万円の差が生じていました。旧労働省も、同じ採用区分（一般職）に男性がいないため、均等法の趣旨にあわないと調停を却下します。11年間の裁判の末、大阪地裁は既婚者差別があることを認め、低査定は違法と断罪しました。原告12人全員に損害賠償が確定しました。「働き続ける人たちの勝利です」という原告団の言葉が心に残ります。

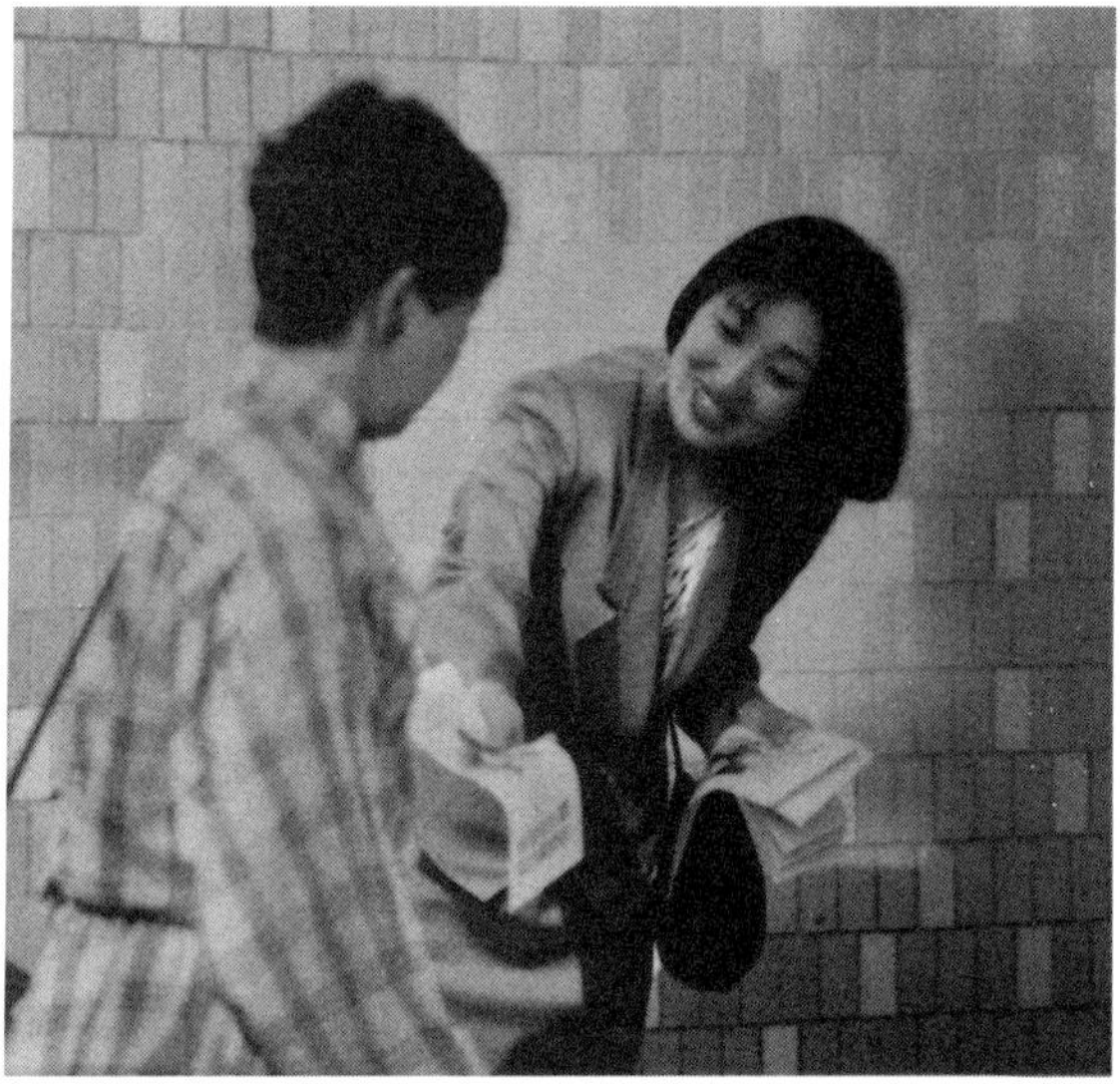

家族と暮らしたいという思いを1枚のビラに込めた尾崎恵子さん（出所：尾崎恵子『ママはスチュワーデス』1996年、日本機関紙出版センター）

私の大切な友人の**尾崎恵子**さんは、全日空に勤務するCAでした。女性の平均勤続3年という職場で、結婚し妊娠し、出産後も働き続けた、大阪で初めてのママさんCAでした。しかしこれを快く思わない会社は、同じ会社で整備技師として働いていた夫の博さんを、高知に不当配転して嫌がらせをします。家族が引き離され、たちまち毎日の保育所の送り迎えにも困る生活の中で、働き続けられる職場環境と仕事への誇りと働きがいをかけて「全日空単身赴任裁判」を起こし、仲間たちに支えられ、仲間たちを励まし、家族や仲間とともに、明るくおおらかに闘い続けた尾崎さんは、わたしの憧れです。

おわりに　わたしたちの国で

この本を書いている今、世界は経験したことのないパンデミックの中にあります。

想像力のかけらもない政治家のために、いまこの瞬間にも、女性たちがまっ先に職をきられ、住む場所を失い、よるべもなく自ら命を落としていることを思いながら、ステイ・ホームの食卓でこの原稿を書き続けました。

生理用品が買えなくて、ティッシュペーパーをまるめてあてている少女がいる。「生理の貧困」は、これまでなかったのではなく、見えていなかっただけでした。

明け方にバス停のベンチに座って休んでいるところを、突然、知らない人に後ろから殴られて、そのまま亡くなったホームレスの女性。所持金は8円でした。彼女はどんな人だったのか。なぜあの場所にいたのか。何を考えていたのか。今となっては誰にもわからないけれど。彼女は近い将来のわたしかもしれないという感覚から、いまも離れることができません。

名前のない女たちのことを綴ってきたこの本の最後に、彼女のことを記したいと思います。忘れないように。明日は希望がもてるように。

女にとって息苦しい社会は　男にとっても息苦しい社会
女にとって居心地のいい社会は　男にとっても　みんなにとっても　居心地のいい社会
依存と　能率と　競争と　支配と　無関心と　虚飾と　画一化の社会から

自立と　ぬくもりと　ケアと　共感と　連帯と　創造と　多様性の社会へ
ゆるゆる　ふっくら　ねづよく

素敵な表紙と挿絵を描いてくださったフルイミエコさんとおかねともこさん、心のこもった推薦の言葉を寄せてくださった岡野八代さんに、心から感謝します。

最後まで読んでくださって、ありがとうございました。

【資料編】

「女性および女性市民の権利宣言」(1791年)抜粋
オランプ・ド・グージュ

前文

母親、娘、姉妹たち、国民の女性代表者たちは、国民議会の構成員になることを要求する。そして、女性の諸権利に対する無知、忘却または軽視が、公の不幸と政府の腐敗の唯一の原因であることを考慮して、女性の譲り渡すことのできない神聖な自然的権利を、厳粛な宣言において提示することを決意した。この宣言が、社会のすべての構成員に絶えず示され、彼らの権利と義務を不断に想起させるように。女性の権力と男性の権力の行為が、すべての政治制度の目的とつねに比較されうることで一層尊重されるように。女性市民の要求が、以後、簡潔で争いの余地のない原理に基づくことによって、つねに憲法と良俗の維持と万人の幸福に向かうように。こうして、母性の苦痛の中にある、美しさと勇気とに優れた女性が、最高存在の前に、かつその庇護の下に、以下のような女性および女性市民の諸権利を承認し、宣言する。

第1条　女性は自由なものとして生まれ、かつ権利において男性と平等なものとして生存する。社会的差別は、共同の利益にもとづくのでなければ設けられない。

第2条　すべての政治的結合の目的は、女性および男性の、時効によって消滅することのない自然な諸権利の保全である。これらの諸権利とは、自由、所有、安全そしてとりわけ圧政への抵抗である。

第3条　すべての主権の淵源は、本質的に国民にあり、国民とは、女性と男性との結合に他ならない。いかなる団体も、いかなる個人も、国民から明示的に発しない権威を行使することはできない。

第6条　法律は、一般意志の表明でなければならない。すべての女性市民と男性市民は、自ら、またその代表者によって、その形成に参加する権利をもつ。法律は、すべてのものに対して同一でなければならない。すべての女性市民および男性市民は、法律の前に平等であるから、その能力にしたがって、かつその徳行と才能以外の差別なしに、等しく、すべての位階、地位および公職に就くことができる。

第10条　何人も、たとえそれが根源的なものであっても、自分の意見について不安をもたらされることがあってはならない。女性は、処刑台にのぼる権利をもつ。同時に女性は、その意見の表明が法律によって定められた公の秩序を乱さない限りにおいて、演壇にのぼる権利をもたなければならない。

第11条　思想および意見の自由な伝達は、女性の最も貴重な権利の一つである。それは、この自由が、子どもと父親の嫡出関係を確保するからである。したがって、すべての女性市民は、法律によって定められた場合にその自由の濫用について責任を負うほかは、野蛮な偏見が真実を偽らせることのないように、自由に、自分が貴方の子の母親であるということができる

第13条　公の武力の維持および行政の支出のための、女性と男性の租税の負担は平等である。女性は、すべての賦役とすべての義務に貢献する。したがって、女性は、(男性と)同等に、地位・雇用・負担・位階・産業に参加しなければならない。

第16条　権利の保障が確保されず、権力の分立が定められていないすべての社会は、憲法をもたない。国民を構成する諸個人の多数が、憲法の制定に協力しなかった場合は、その憲法は無効である。

第17条　財産は、結婚していると否とにかかわらず、両性に属する。財産（権)は、そのいずれにとっても、不可侵かつ神聖な権利である。何人も、適法に確認された公の必要が明白にそれを要求する場合で、かつ正当、かつ事前の補償の条件のもとでなければ、真の自然の資産としてのその権利を奪われない。

「女性の権利の擁護」(1792年)抜粋
メアリ・ウルストンクラフト

深い憂慮を抱いて過ぎし歴史に思いをめぐらし、また、眼前の世界を観察してみた時、私の精神は悲憤の感情によって極度に憂うつになった。そして、自然が人間と人間の間に大きな差別を造ったのか、あるいは、これまで世界に現れた文明が極めて片寄ったものであったのか、そのどちらかを認めざるをえなかった時、私は溜息をついてしまったのだ。そこで私は、教育の問題について書かれたさまざまな書物をひもとき、また、両親のしつけや学校における子どもの扱い方を根気よく観察してみた。その結果は何であったか？

…女子教育の無視こそが、この嘆かわしい悲惨さの大きな根源だという深い確信である。そして、特に女性は、一つの軽率な結論から生み出されたさまざまな原因がからみ合って、弱く惨めにされているのだという深い確信である。(中略)私は一つの明白な結論を下しうる気がする。…（中略)…才能と美徳を発揮することこそが、人間性を高貴ならしめるのであるし、また才能と美徳は、女性も男性と同じく人間であると見なされた時、動物界の序列の中で女性の地位を高めるのである。

この議論においては、おのずから主題が二つに分割される。私は、先ず、女性もまた男性と共に能力を発揮するために地上に生を得た人間であるという大きな視点の中で、女性を考えよう。そして、その後で、特に女性ということの意味を、より詳細に示そ

う。（中略）

もし私が、女性の魅惑的な優美さをほめそやしたりする代りに、また女性を一人で立つこともできない永遠の子どもと見なしたりする代りに、女性を理性的存在として論じたとしても、女性は私を許してくれるだろうと思う。真の尊厳と、人間的な幸福は一体どこにあるのかということを、私は是非とも示したい。

…私は女性に、心身両面における強さを獲得するよう努めよと説得したい。また、優しい言葉遣いとか、情にもろい心とか、デリケイトな感情とか、洗練された趣味とかいうような表現は、弱さという言葉と殆ど同じ意味であるということを女性に納得させたい。そして、憐れみの対象に過ぎない人たちや、憐れみと大して変らぬ恋愛の対象に過ぎない人たちは、やがて、軽蔑の対象となるであろうということを、女性に納得させたいのだ。

それ故に、男性が、われわれの奴隷的な従属を体裁よく見せるために下手に出て用いる甘く優しい言葉など、私にとっては問題外である。また、私は、女性特有の特徴と想像されているあのか弱き優雅な精神や、鋭敏な感受性、なよなよとしたマナーを軽蔑する。そして、私は、優雅さよりも美徳の方が大事だということ、また立派な志をたてた人間が果たすべき第一の目的は、男性であろうと女性であろうと、人間性を獲得することであり、二次的な目的も、この単純な試金石によって試されるべきだということを、示したい。

妻の経済的独立

妻を本当に有徳でそして有用な人間にするためには、もし彼女が市民としての義務を果たしているならばの話だが、彼女は、市民法によって個人的に守られていなければならない。彼女は、夫が生きているからといって自分の生計を夫の恵みに頼ってはならないし、夫の死後にも、夫の財産に支えられているようではいけない。

女性の参政権擁護

宗教と理性は、普通の道を歩む女性には、妻および母親としての義務を果たすことを命じていると思うけれども、特に優れた特性を持っている女性が社会に貢献し独立する、という更に大きな計画を遂行していこうとする時には、そのための道が開かれていないのだから、私は悲しまずにはいられない。こんなことをいったら笑われるかもしれないが、女性が政治の審議に直接参加することが全く許されずただ独断的に支配される、というのではなくて、自分たちの代表者を持つべきだ、と私は本当に考えているのだ。そして私は、それをいつの日にか実現させたいと思う。

「女性独立宣言（所感宣言）」（１８４８年）抜粋
エリザベス・K・スタントン起草

我々は以下のことを自明の理と考える。すなわち、あらゆる男女は平等に造られ、創造者によってある一定の奪うことのできない権利を与えられている。その中には、生命・自由・及び幸福の追求が含まれる。

人類の歴史は、男の側から女への女性に対する絶対的な圧政という直接的目的を持った絶え間ない侮辱と強奪の歴史である。選挙権がない。…自らの作ったものではない押しつけられた法に服従しなければならない。…結婚と同時に法的には死人同然となる。…離婚についても平等の発言は許されず、財産権及び子供の養育権も持たない。…男性はほとんどすべての有利な職業を独占している。…女性は高等教育を受ける資格を持たず、大学は女性に門戸を閉ざしている。…女性は国家においてと同様に教会においても従属的地位しか与えられておらず、司祭になる資格を持たない。…男性は男女に異なった道徳を強いることにより誤った意識を大衆に植えつけている。…男性はあらゆる手段で、女性自身の力に対する信頼を破壊し、彼女の自尊心を弱め、女性を従属的なみじめな生活に陥れている。

今、この国の半数の人々の全き公民権剥奪、彼女たちの社会的宗教的抑圧状態を見るにつけ、前に示したような不正な法を見るにつけ、そしてまた、女性が自ら権利を侵害され、抑圧され、不正に自らの最も神聖なる権利を奪われていると感じているがゆえに、我々は女性に合衆国市民としての当然のすべての権利を直ちに認めることを主張する。

「ロンドン散策」(1840年)抜粋
フロラ・トリスタン

少年に課せられた労働

イギリスの鉱山での少年労働。イングランド、アイルランド、スコットランドで雇用されている労働者の労働実態について国会に提出した報告書では、以下のような事態が生じていると伝えている。

「現在鉱山で子どもに要求されている労働と比較すれば、かつて工場で子どもに課せられていた労働など遊びにも等しいものである。九歳、時には七、八歳の子どもまでを、堅抗に下ろしている。シュロップシャーでは、時として六歳の子どもまでが働かされている。この六歳にも達していないような子どもが、身体に巻きつけた一本のベルトを使い荷を引いている光景も目に止ったと断言していい。(中略)

ハリファックスでは、一年中毎朝四～五時に子どもをベッドから追い出し、堅抗に下ろしてしまう。オールドハムでは、信じ難いことだが!鉱山労働を強いられる子どもの年齢は、なんと四歳なのだ(このように幼い子どもに、一体どんな仕事をさせられるというのか、私にはとても想像できない!)。

ダーハムでは、子どもの労働開始年齢が五歳のこともあるということを立証したミッチェル医師は、そこに住む大炭鉱の所有者自身、こうした事態の生じていることを知らないでいるということもはっきり確認している」

こうした不幸な人びとの運命を創造しようと思えば、年齢の低さや性別などに一片の配慮もなされず、働かされる穴倉はしばしば非常に狭苦しくて、空気は薄く、湿気は甚だしくて、いつも頭上から水滴のしたたり落ちてくるような環境の中で、足を泥水に突っ込んだまま働かなくてはならない姿を想定するといいだろう。そこでは女性労働は、何よりもまず石炭を長い距離にわたり引いていくことである。この重い荷を坑から取り出せるところまで運ぶため、彼女らは身体を鎖でまきつけてそうするのだ、と報告書は述べている。この不幸な女性たちの老化は、すでに三十歳から始まる。彼女らの子どもが誕生日まで生きられることなど稀である。彼女らは背柱の病気にもかかりやすく、それはしばしば八歳くらいで始まり、また多くの場合、死病の喘息にもかかりやすい。大半の男女、それも身体強健の者でさえ、四十歳ともなれば、どのような仕事もできなくなってしまう。一般的に、女性の就労場所は、破損が激しく、男のいやがるような坑道であるから、一番望ましいのは（いつ死んでも惜しくない）身体虚弱な人間ということになる。

モーガン「古代社会」摘要（1880年年末〜1881年3月）抜粋　カール・マルクス

・最古のもの。無差別性交をともなう群れの生活、家族はない。ここでは母権だけがなんらかの役割を果たすことができる

・一婦一婦婚が出現したのは、子どもの父の確実性と、相続人の正統性とを保障するためであった。

・対偶婚家族は、（中略）一対づつの夫婦が、部分的に個別化されていたにすぎないとはいえ、明確な家族を形成していた。この家族のうちに、一婦一婦婚家族の萌芽がある。

・最古の組織…氏族、胞族、部族に基礎をおく社会組織。こうして氏族社会がつくりだされた

・氏族は本質的に民主的であったから、数氏族で構成される胞族、数胞族で構成される部族、さらに部族同盟または部族合同によって形成された氏族社会も、必然に民主的であった。

・氏族は必然的に無差別性交の集団から生まれてくる。この集団の内部で、すでに兄弟たちと姉妹たちとの交婚が排除（阻止）されはじめるやいなや、氏族がこの集団のうえに接ぎ木される可能性がある。

「家族・私有財産および国家の起源」（1884年）抜粋　フリードリヒ・エンゲルス

・集団婚が存在するかぎり、出自が母方によってだけ証明でき、したがって女系だけが認められるのは明らかである。

・新しい社会的な推進力が（中略）作用しだした。（中略）だが、この新しい富はだれのものだったか？・はじめは氏族のものだったことは疑いない。（中略）こういう富は、それがひとたび家族の私的所有に移されて、そこで急速にふえていくやいなや、対偶婚と

母権氏族に立脚する社会に強力な一撃をくわえた。
・富が増加するのに比例して、この富は、一方では家族内で男子に女子よりも重要な地位をあたえ、他方では、この強まった地位を利用して伝来の相続順位を子どもたちの利益になるようにくつがえそうとする衝動を生みだした。だが、母権による出自が行なわれているかぎり、それは不可能であった。だから、母権による出自がくつがえされなければならなかったのであり、それは事実くつがえされた。このことは、われわれが今日考えるほど困難なものでは決してなかった。というのは、この革命…人類が体験したもっとも根本的な革命の一つ…は、氏族の存命の構成員のただの一人にも手をつける必要がなかったからである。(中略)今後は男子氏族員の子孫は氏族内にとどまるが、女子氏族員の子孫は排除されて父の氏族に移るものとする、という簡単な決議で十分であった。
・母系制の転覆は、女性の世界史的な敗北であった。男性は家庭内でも舵をにぎり、女性はおとしめられ、隷従させられ、男の情欲の奴隷かつ子どもを生む単なる道具となった。
・昔の共産主義世帯では、妻たちにまかされた家事のきりまわしは、夫たちによる食糧の調達と同じく、一つの公的な、社会的に必要な産業であった。家父長家族(の出現)とともに、またそれ以上に一夫一婦婚個別家族(の出現)とともに、この事情が変化した。家政のきりまわしは、その公的性格を失った。それはもはや社会とはなんの関係もないものになった。それは一つの私的役務となった。妻は、社会的生産への参加から追いだされて、女中頭となった。現代の大工業がはじめて彼女に…それもプロレタリア女性だけに…社会的生産に参加する道を再び開いた。だがそれとても、彼女が家族の私的役務の義務をはたせば、公的生産から排除されたままでびた一文もかせぐことができず、また公的産業に参加して自分の腕でかせごうと思えば、家族の義務がはたせない、という程度のものである。
・夫婦が法律上完全に同権になったときにはじめて、近代的家族のなかでの夫の妻にたいする支配の独特な性格も、また夫婦の真の社会的平等を樹立することの必要性と、それを樹立するやり方も、白日のもとに照らしだされるであろう。そのときには、女性の解放には、全女性の公的産業への復帰が第一の先決条件であり、この復帰がこれまた、社会の経済的単位としての個別家族の性質の廃棄を必要とすることが示されるであろう。
・男性の地位はいずれにしても大きく変えられる。だが女子の、すべての女子の地位も、いちじるしい変動をこうむる。生産諸手段が共同所有に移るとともに、個別家族は社会の経済的単位であることをやめる。私的家政は、社会的産業に転化する。子どもの扶養と教育は公務となる。嫡出子であろうと庶子であろうと、一様にすべての子どもたちの面倒を社会がみる。
・婚姻締結の完全な自由は、資本主義的生産とこれによってつくりだされた所有関係とが廃止されて、いまなお配偶者の選択にきわめて強い影響を及ぼしている副次的な経済的顧慮がすべて取り除かれたときに、はじめてあまねく実行されうるのである。そのときには、相互の愛情以外にはもはやどんな動機も残らない。

・一夫一婦婚からまったく決定的になくなるだろうものは、一夫一婦婚が所有関係から発生したものだということがそれに刻印した一切の性格である。そしてその性格は、第一に男子の優位であり、第二に、婚姻の解消不可能である。結婚生活における男子の優位は、男子の経済的優位の単なる結果であり、後者がなくなればおのずとなくなる。

・きたるべき資本主義的生産の一掃のあとの両性関係の秩序についてわれわれが今日推測できる事柄は、主として消極的な性質のものであって、おおむね、なくなる事柄に限られる。

「働く人民の妻たちへ」(1915年)
クララ・ツェトキン 提案

あなた方の夫たちはどこにいるのですか?
あなた方の息子たちはどこにいるのですか?
8ヶ月このかた、彼らは戦場に出ているのです。両親の生きがいであり希望である青年、一家の稼ぎ手である生涯の最盛期の夫たちや白髪まじりの夫たちは、彼らの仕事から、そして彼らの家から引き離されているのです。彼らは皆、迷彩を施した服を着て塹壕の中で寝起きし、勤勉な労働が建設したものを破壊するように命ぜられているのです。

すでに、数百万人もの人が、共同墓地に眠り、数十万もの人が身をずたずたにされ、手足を打ち砕かれ、めくらになったり、脳をやられたりして、熱におかされ、衰弱に打ちのめされて野戦病院に身を横たえています。焼き払われた村や町、破壊された橋、絶滅した森や荒らされた田畑が、彼らが行ったことの足跡なのです。

プロレタリア婦人のみなさん
あなた方の夫や息子は、あなた方弱い婦人を守り、あなた方の子どもを守り、あなた方の家を守り、そしてあなた方のかまどを守るために引っぱり出されたのだといわれてきました。

ところが実際はどうなっているでしょうか。

弱い婦人の肩には二重の重荷がのしかかっています。あなた方は、無防備のまま、悲しみや苦しみに身をまかせてきました。あなた方の子どもたちは飢え、凍えています。あなた方の頭上の屋根さえ取り払われるといって脅されています。あなた方のかまどは冷たくそして空っぽです。

身分の高い者と低い者の間での兄弟のような偉大な友情が語られ、貧しい者と富める者の間での争いをやめるように呼びかけられています。さて、この城内平和は経営者があなた方の賃金を引き下げ、商人や不正な投機家が価格をつり上げ、家主があなた方を戸外に追い出すことに現れます。国家はぬけめのない手を用い、ブルジョア的慈善家が乞食に施すスープを料理し、そしてあなた方には節約をすすめます。

あなた方に、かくも恐るべき苦しみをもたらすこの戦争の目的はなんでしょうか。

世間では、祖国の繁栄、祖国の防衛ということがいわれています。

祖国の繁栄とはなんでしょうか。

祖国の繁栄とは、幾百万の人びとの繁栄を意味するはずではないでしょうか。幾百万の人びととは、戦争が、死体に、不具者に、失業者に、乞食に、未亡人に、あるいは孤児にした人びとのことです。

だれが祖国の繁栄を危ないものにしているのでしょうか。それは、国境の彼方で、種類の違った軍服を着ているあの人たち、つまり、あなたがたの夫たちのように、戦争のことを少しも知りたくなかったし、またなぜ兄弟たちを殺さなければならないのかを知らなかったあの人たちなのでしょうか。いいえ、違います。祖国は、広範な大衆の窮乏の結果として富を汲みあげ、抑圧の上にその支配を打ち立てているすべてのものによって危うくされているのです。

戦争は誰に必要なのでしょうか。

戦争はいずれの国民をとってみてもそのなかの少数のものにとってだけ必要であるにすぎません。つまり、鉄砲や大砲の、装甲板そして水雷艇の製造業者にとって、造船所所有者や軍需品の供給者にとって必要なのです。彼らは利潤への関心において諸国民の間で憎しみを駆り立てて戦争の勃発にまで至らしめるのです。戦争は、おしなべて、資本家たちにとって必要なのです。無産者や搾取されている大衆の労働は、それを作った者が誰も消費することを許されない商品を積み上げたのではなかったでしょうか。たしかに彼らは貧しく、商品を買うことができません。労働者の汗がこうした諸商品を生産し、労働者の血が諸商品のために海外の新しい販売市場をたたかいとらざるをえなくするのです。資本家たちが大地の埋蔵物を奪い、最も安い労働力を搾取する植民地諸国が侵略されることになってしまうのです。

祖国の防衛ではなく、祖国の拡大がこの戦争の目的です。それが資本主義制度ののぞむところです。なんとなれば、人間の人間による搾取と抑圧なしには資本主義は存立することができないのですから。

労働者は、この戦争によって何も得ず、彼らにとって愛すべき大切なものをおそらくすべて失わねばならないでしょう。

労働者の妻のみなさん、労働婦人のみなさん。

交戦諸国の男たちは、沈黙させられています。戦争は、彼らの意識を鈍らせ、彼らの意志を麻痺させ、彼らの全存在をゆがめています。

しかし、戦場にあるあなた方の愛する者への心苦しい心配ばかりでなく、本国にあって苦しみと惨めさを耐え忍んでいる婦人のみなさん。あなた方は、あなた方の平和への意志や、戦争に反対するあなた方の抗議の行動を起こすために、この上さらに何を待っているというのですか。

あなた方は何を尻込みしているのですか。

これまであなた方は、あなた方の愛する者のために耐え忍んできました。いまやあなた方の夫たちのため、息子たちのために、行動することが肝要なのです。

人殺しはたくさんです。

この叫びはあらゆる国の言葉で響き渡ります。数百万のプロレタリア婦人がこの叫び声をあげます。この叫びは、民衆の息子たちの良心が、人殺しに反抗している塹壕の中で反響を見いだします。

働く人民の妻のみなさん。

こうした困難な時に、婦人社会主義者たちが、ドイツやイギリスやフランスやロシアから集まってきました。あなた方の困窮、あなた方の苦しみが、婦人社会主義者たちの心を揺さぶったのです。あなた方やあなた方の愛する者の将来のために、彼女たちはあなた方に平和の事業のために立ち上がることを呼びかけます。戦場を越えた彼方で、婦人社会主義者たちの意志が結集したように、あなた方もまた、あらゆる国から集まって、平和、平和という一つの叫び声をあげなければならないのです。

世界戦争は、あなた方に最大の犠牲を強いてきたのです。戦争は、あなた方から、痛みと苦しみの中で産み出し、骨折って育てた息子たちを奪い、厳しい生活のための闘いの中であなた方の伴侶であった夫たちを奪いました。こうした犠牲に比べれば、あらゆることは、ちっぽけで、無にも等しいものです。

全人類は、あなた方、交戦諸国のプロレタリア婦人に注目しています。あなた方は英雄になるべきです。

あなた方は救出者になるべきです。

あなた方を一つの意志、一つの行動で統一してください。あなた方の夫たちや、あなた方の息子たちが、いまなお断言することができずにいることを、あなた方は、幾百倍もの声で知らせるのです。

万国の働く人民は兄弟だ。この人民の統一した意思だけが、人殺しをやめさせることができる。

ひとり、社会主義のみが、人類の将来に平和をもたらす。人間を所有階級の富と権力のための生贄とする資本主義を打倒せよ。戦争反対。社会主義へつきすすめ。

国際社会主義婦人会議・決議案（1915年3月・ベルン）

日本国憲法のGHQ草案
ベアテ・シロタ・ゴードンが担当した条項
第18条（現行憲法第24条の下敷きとなった草案全文）

家庭は、人類社会の基礎であり、その伝統はよきにつけ悪しきにつけ、国全体に浸透する。それ故、婚姻と家庭とは法の保護を受ける。婚姻と家庭とは、両性が法律的にも社会的にも平等であることは当然である。このような考えに基礎をおき、親の強制ではなく相互の合意にもとづき、かつ男性の支配ではなく両性の協力にもとづくべきことをここに定める。これらの原理に反する法律は廃止され、それにかわって配偶者の選択、財産権、相続、住居の選択、離婚並びに婚姻及び家庭に関するその他の事項を、個人の尊厳と両性の本質的平等の見地に立って定める法律が制定されるべきである。

第19条

妊婦と幼児を持つ母親は国から保護される。必要な場合は、既婚未婚を問わず、国から援助を受けられる。非嫡出子は法的に差別を受けず、法的に認められた嫡出子同様に身体的、知的、社会的に成長することにおいて権利を持つ。

第20条

養子にする場合には、その夫と妻の合意なしで家族にすることはできない。養子になった子どもによって、家族の他の者たちが不利な立場になるような特別扱いをしてはならない。長子の権利は廃止する。

第21条

すべての子供は、生まれた環境にかかわらず均等にチャンスが与えられる。そのために、無料で万人共通の義務教育を、八年制の公立小学校を通じて与えられる。中級、それ以上の教育は、資格に合格した生徒は無料で受けることができる。学用品は無料である。国は才能ある生徒に対して援助することができる。

第24条

公立・私立を問わず、児童には、医療・歯科・眼科の治療を無料で受けられる。成長のために休暇と娯楽および適当な運動の機会が与えられる。

第25条

学齢の児童、並びに子供は、賃金のためにフルタイムの雇用をすることはできない。児童の搾取は、いかなる形であれ、これを禁止する。国際連合ならびに国際労働機関の基準によって、日本は最低賃金を満たさなければならない。

第26条

すべての日本の成人は、生活のために仕事につく権利がある。その人にあった仕事がなければ、その人の生活に必要な最低の生活保護が与えられる。女性はどのような職業にもつく権利を持つ。その権利には、政治的な地位につくことも含まれる。同じ仕事に対して、男性と同じ賃金を受ける権利がある。

日本国憲法

第13条　すべて国民は、個人として尊重される。生命、自由及び幸福追求に対する国民の権利については、公共の福祉に反しない限り、立法その他の国政の上で、最大の尊重を必要とする。

第14条　すべて国民は、法の下に平等であつて、人種、信条、性別、社会的身分又は門地により、政治的、経済的又は社会的関係において、差別されない。

第24条　婚姻は、両性の合意のみに基いて成立し、夫婦が同等の権利を有することを基本として、相互の協力により、維持されなければならない。

2　配偶者の選択、財産権、相続、住居の選定、離婚並びに婚姻及び家族に関するその他の事項に関しては、法律は、個人の尊厳と両性の本質的平等に立脚して制定されなければならない。

女性に対するあらゆる形態の差別の撤廃に関する条約

前文　1980年7・1条約第7号

この条約の締約国は、

国際連合憲章が基本的人権、人間の尊厳及び価値並びに男女の権利の平等に関する信念を改めて確認していることに留意し、

世界人権宣言が、差別は容認することができないものであるとの原則を確認していること、並びにすべての人間は生まれながらにして自由であり、かつ、尊厳及び権利について平等であること並びにすべての人は性による差別その他のいかなる差別もなしに同宣言に掲げるすべての権利及び自由を享有することができることを宣明していることに留意し、

人権に関する国際規約の締約国がすべての経済的、社会的、文化的、市民的及び政治的権利の享有について男女に平等の権利を確保する義務を負っていることに留意し、

国際連合及び専門機関の主催の下に各国が締結した男女の権利の平等を促進するための国際条約を考慮し、

更に、国際連合及び専門機関が採択した男女の権利の平等を促進するための決議、宣言及び勧告に留意し、

しかしながら、これらの種々の文書にもかかわらず女子に対する差別が依然として広範に存在していることを憂慮し、

女子に対する差別は、権利の平等の原則及び人間の尊厳の尊重の原則に反するものであり、女子が男子と平等の条件で自国の政治的、社会的、経済的及び文化的活動に参加する上で障害となるものであり、社会及び家族の繁栄の増進を阻害するものであり、また、女子の潜在能力を自国及び人類に役立てるために完全に開発することを一層困難にするものであることを想起し、

窮乏の状況においては、女子が食糧、健康、教育、雇用のための訓練及び機会並びに他の必要とするものを享受する機会が最も少ないことを憂慮し、

衡平及び正義に基づく新たな国際経済秩序の確立が男女の平等の促進に大きく貢献することを確信し、

アパルトヘイト、あらゆる形態の人種主義、人種差別、植民地主義、新植民地主義、侵略、外国による占領及び支配並びに内政干渉の根絶が男女の権利の完全な享有に不可欠であることを強調し、

国際の平和及び安全を強化し、国際緊張を緩和し、すべての国(社会体制及び経済体制のいかんを問わない。)の間で相互に協力し、全面的かつ完全な軍備縮小を達成し、特に厳重かつ効果的な国際管理の下での核軍備の縮小を達成し、諸国間の関係にお

ける正義，平等及び互恵の原則を確認し，外国の支配の下，植民地支配の下又は外国の占領の下にある人民の自決の権利及び人民の独立の権利を実現し並びに国の主権及び領土保全を尊重することが，社会の進歩及び発展を促進し，ひいては，男女の完全な平等の達成に貢献することを確認し，

国の完全な発展，世界の福祉及び理想とする平和は，あらゆる分野において女子が男子と平等の条件で最大限に参加することを必要としていることを確信し，

家族の福祉及び社会の発展に対する従来完全には認められていなかった女子の大きな貢献，母性の社会的重要性並びに家庭及び子の養育における両親の役割に留意し，また，出産における女子の役割が差別の根拠となるべきではなく，子の養育には男女及び社会全体が共に責任を負うことが必要であることを認識し，

社会及び家庭における男子の伝統的役割を女子の役割とともに変更することが男女の完全な平等の達成に必要であることを認識し，

女子に対する差別の撤廃に関する宣言に掲げられている諸原則を実施すること及びこのために女子に対するあらゆる形態の差別を撤廃するための必要な措置をとることを決意して，

次のとおり協定した。

国連「開発と女性の役割に関する世界調査報告書」（1999年）

女性差別撤廃委員会一般勧告第25号（2004年）

ジェンダーは、生物学的性差に付与される社会的な意味と定義される。ジェンダーは、思想的、文化的な構築物であるが、同時に物質的な実行の領域においても再生産され、ひるがえってそのような実行の結果に影響を及ぼす。それは、家族内および公的活動における資源、富、仕事、意思決定及び政治力、そして権利や資格の享受における分配に影響する。文化や時代による変化はあるものの、世界中あまねくジェンダー関係の顕著な特徴として、男女間の力の非対称がある。このように、ジェンダーは、社会階層を作り出すものであり、この意味において、人種、階級階層、民族、セクシュアリティ、年齢などの他の階層基準に類似している。ジェンダー・アイデンティティの社会構築及び両性間の関係に存在する不平等な権力構造を理解するのに役立つ。

〈参考文献、出典資料〉

「招婿婚の研究」高群逸枝（1953年、講談社）

「日本古代婚姻史の研究　上下」関口裕子（1993年、塙書房）

「日本中世女性史の研究　性別役割分担と母性・家政・性愛」脇田晴子（1992年、東京大学出版会）

「日本中世の村落・女性・社会」田端泰子（2011年、吉川弘文館）

「江戸の異性装者（クロスドレッサー）たち」長島淳子（2017年、勉誠出版）
「梅本記（研究報告　第200集）」横山百合子（2016年、国立歴史民俗博物館）
「望東尼物語」防府野村望東尼会（2016年）
「近代岡山の女たち」岡山女性史研究会（1987年、三省堂）
「証言　米騒動」北日本新聞社編（1974年、北日本新聞社）
「労働者と農民」中村政則（1990年、小学館）
「工場」細井和喜蔵（2018年、岩波書店）
「奴隷」細井和喜蔵（2018年、岩波書店）
「朝鮮人女工のうた　1930年・岸和田紡績争議」金賛汀（1982年、岩波書店）
「日本農村婦人問題」丸岡秀子（1937年、高陽書院）
「平塚らいてう　近代日本のデモクラシーとジェンダー」米田佐代子（2002年、吉川弘文館）
「山川菊栄評論集」鈴木裕子編（1990年、岩波書店）
「買春する帝国　日本軍『慰安婦』問題の基底」吉見義明（2019年、岩波書店）
「サンダカン八番娼館」山崎朋子（1972年、筑摩書房）
「からゆきさん」森崎和江（1976年、朝日新聞社）
「長崎に生きる」渡辺千恵子（1973年、新日本出版社）
「こころざしつつたふれし少女」（1993年、日本共産党出版局）
「深き夢みし　女たちの抵抗史」井上とし（2006年、ドメス出版）
「1945年のクリスマス　日本国憲法に『男女平等』を書いた女性の自伝」ベアテ・シロタ・ゴードン（1995年、柏書房）
「近代日本婦人問題年表／日本婦人問題資料集成第十巻」（1970年、ドメス出版）
「女性解放思想史」水田珠枝（1979年、筑摩書房）
「女の人権宣言　オランプ・ド・グージュの生涯」オリヴィエ・ブラン（1995年、岩波書店）
「女性の権利の擁護」メアリ・ウルストンクラフト（1980年未来社）
「アメリカの女性参政権運動史」栗原涼子（1993年、武蔵野書房）
「ロンドン散策　イギリスの貴族階級とプロレタリア」フロラ・トリスタン（1987年、法政大学出版局）
「『古代社会』摘要」カール・マルクス（1977年、大月書店）
「家族・私有財産・国家の起源」フリードリヒ・エンゲルス（1999年、新日本出版社）
「クラーラ・ツェトキーン　ジェンダー平等と反戦の生涯」伊藤セツ（2018年、御茶の水書房）
「戦時・性暴力をどう裁くか」国連マクドゥーガル報告全訳（1998年、凱風社）
「女性国際戦犯法廷の全記録Ⅰ・Ⅱ」VAWW-NET-

Ｊａｐａｎ編（２００２年、緑風出版）
「ひたすら憲法」壽岳章子（１９９８年、岩波書店）
「ママはスチュワーデス　翔んで翔んで22年ものがたり」尾崎恵子（１９９６年、日本機関紙出版センター）

【著者紹介】

澤田　季江（さわだ　としえ）

1966年生まれの“丙午の女”。千葉県出身・京都市在住。
新日本婦人の会 京都府本部・事務局長。

表紙イラスト：フルイミエコ
章 扉 挿 絵：おかねともこ

ジェンダー視点で学ぶ 女性史

2021年8月14日　初版第1刷発行

著　者　澤田季江
発行者　坂手崇保
発行所　日本機関紙出版センター
〒553-0006　大阪市福島区吉野3-2-35
TEL 06-6465-1254　FAX 06-6465-1255
http://kikanshi-book.com/
hon@nike.eonet.ne.jp
編集　丸尾忠義
本文組版　Third
印刷製本　シナノパブリッシングプレス

Printed in Japan
ISBN978-4-88900-260-7